墨人著

本全集保留作者手批手稿

墨人博士作品全集【全60冊】

第十九冊　白雪青山1

文史哲出版社印行

國家圖書館出版品預行編目資料

墨人博士作品全集 / 墨人著 -- 初版 -- 臺北市：文史哲, 民 100.12
頁： 公分
ISBN 978-957-549-987-7 (全套 60 冊：平裝)

1.現代文學 2. 中國文學 3.別集

848.6 100022602

墨人博士作品全集【全60冊】

第十九～二十冊 白 雪 青 山

著　者：墨　人
出 版 者：文史哲出版社
http://www.lapen.com.tw
登記證字號：行政院新聞局版臺業字五三三七號
發 行 人：彭正雄
發 行 所：文史哲出版社
印 刷 者：文史哲出版社
臺北市羅斯福路一段七十二巷四號
郵政劃撥帳號：一六一八〇一七五
電話886-2-23511028・傳真886-2-23965656

【全60冊】定價新臺幣 36,800 元

中華民國一百年（2011）十二月初版

ISBN 978-957-549-987-7 08992

墨人博士著作品全集　總目

一、散文類

二、長篇小說

三、中短篇小說散文合集

四、詩詞及論評

附：外篇

墨人的一部文學千秋史

張萬熙先生，筆名墨人，江西九江人，民國九年生。爲一位享譽國內外名小說家、詩人、學者。歷任軍、公、教職。六十五歲始自從國民大會簡任一級加年功俸的資料組長兼圖書館長公職崗位退休，但已是中國文壇上一位閃亮的巨星。出版有：《全唐詩尋幽探微》、《紅樓夢的寫作技巧》、一百九十多萬字的大長篇小說《紅塵》、《白雪青山》、《春梅小史》；詩集：《哀祖國》；散文集：《小園昨夜又東風》……。民國五十年、五十一年連續以短篇小說，兩次入選維也納納富出版公司出版的《世界最佳小說選集》。七十歲時自東吳大學中文系教席二度退休，仍著述不輟，爲國寶級文學家。墨人博士在臺勤於創作六十多年（在大陸時期已創作十年），並以其精通儒、釋、道之學養，綜理戎機、參贊政務、作育英才，更以其對傳統文學的精湛造詣，與對新文藝的創作，在國際上贏得無數榮譽，如：美國世界大學榮譽文學博士、美國馬奎士國際大學榮譽文學博士、美國艾因斯坦國際學院榮譽人文學博士（包括哲學、文學、藝術、語言四類）、英國劍橋國際傳記中心副總裁（代表亞洲）、英國莎士比亞詩、小說與人文學獎得主，現在出版《全集》中。

壹、家世・堂號

張萬熙先生，江西省德化人（今九江），先祖玉公，明末時以提督將軍身份鎮守雁門關，蒙古騎兵入侵，戰死於東昌，後封爲「河間王」。其子輔公，進士出身，歷任文官。後亦奉召領兵「三定交趾」，因戰功而封爲「定興王」。其子貞公亦有兵權，因受奸人陷害，自蘇州嘉定（即今上海市一區），謫居潯陽（今江西九江）。祖宗牌位對聯爲：嘉定源流遠，潯陽歲月長；右書「清河郡」、左寫「百忍堂」。

貳、來臺灣的過程

民國三十八年，時局甚亂，張萬熙先生攜家帶眷，在兵荒馬亂人心惶惶時，張先生從湖南長沙火車站，先將一千多度的近視眼弱妻，與四個七歲以下子女，從車窗口塞進車廂，自己則擠在廁所內動彈不得，千辛萬苦的從湖南長沙搭火車南下廣州，從廣州登商輪來臺。七月三日抵基隆，由同學顧天一先生，接到臺北縣永和鎮鄉下暫住。

參、在臺灣一甲子奮鬥的過程

一、初到臺灣的生活

家小安頓妥後，張萬熙先生先到臺北萬華，一家新創刊的《經濟快報》擔任主編，但因財務不濟，四個月不到便草草結束。幸而另謀新職，舉家遷往左營擔任海軍總司令辦公室秘書，負責紀錄整理所有軍務會報紀錄。

民國四十六年，張先生自左營來臺北任職國防部史政局編纂《北伐戰史》（歷時五年多浩大工程，編成線布面精裝本、封面燙金字《北伐戰史》叢書），完成後在「八二三」炮戰前夕又調任國防部總政治部，主管陸、海、空、聯勤文宣業務，四十七歲自軍中正式退役後轉任文官，在臺北市中山堂的國民大會主編研究世界各國憲法政治的十六開大本的《憲政思潮》，作者、譯者都是台灣大學、政治大學的教授、系主任，首開政治學術化先例。

張先生從左營遷到臺北大直海軍眷舍，只是由克難的甘蔗板隔間眷舍改為磚牆眷舍，大小一般，但邊間有一片不小的空地，子女也大了，不能再擠在一間房屋內，因此，張先生加蓋了三間竹屋安頓他們。但眷舍右上方山上是一大片白色天主教公墓，在心理上有一種「與鬼為鄰」的感覺。張夫人有一千多度的近視眼，她看不清楚，子女看見嘴裡不講，心裡都不舒服。張先生自軍中假退役後，只拿八成俸。

張先生因為有稿費、版稅，還有些積蓄，除在左營被姓譚的同學騙走二百銀元外，剩下的積蓄還可以做點別的事。因為住左營時在銀行裡存了不少舊臺幣，那時左營中學附近的土地只要三塊多錢一坪，張先生可以買一萬多坪。但那時政府的口號是「一年準備，兩年反攻，三年掃蕩，五年成功。」張先生信以為真，三十歲左右的人還是「少不更事」，平時又忙著上班、寫作，實在不懂政治、經濟大事，以為政府和「最高領袖」不會騙人，五年以內真的可以回大陸，張先生又有「戰士授田證」。沒想到一改用新臺幣，張先生就損失一半存款，呼天不應。但天理不容，姓譚的同學不但無后，也死了三十多年，更沒沒無聞。張先生作人、看人的準則是：無論幹什麼都是「誠信」第一，因果比法律更公平、更準。欺人不可欺心，否則自食其果。

二、退休後的寫作生活

張先生四十七歲自軍職退休後，轉任台北市中山堂國大會主編十六開大本研究各國憲法政治的《憲政思潮》十八年，時任簡任一級資料組長兼圖書館長。並在東吳大學兼任副教授二十年、香港廣大學院指導教授、講座教授、指導論文寫作、不必上課。六十四歲時即請求自公職提前退休，以業務重要不准，但取得國民大會秘書長（北京朝陽大學法律系畢業）何宜武先生的首肯，六十五歲依法退休。當時國民大會、立法院、監察院簡任　級主管多延至七十歲退休，因所主管業務富有政治性，與單純的行政工作不同，六十五歲時張先生雖達法定退休年齡，還是延長了四個月才正式退休，何秘書長宜武大惑不解地問張先生：「別人請求延長退休而不可得，你為什麼反而要求退休？」張先生答以「專心寫作」，何秘書長才坦然不疑。退休後日夜寫作，因胸有成竹，很快完成了一百九十多萬字的大長篇小說《紅塵》，在鼎盛時期的《臺灣新生報》連載四年多，開中國新聞史中報紙連載最大長篇小說先河。但報社還不敢出版，經讀者熱烈反映，才出版前三大冊。當年十二月即獲行政院新聞局「著作金鼎獎」與嘉新文化基金會「優良著作獎」，亦無前例。《台灣新生報》又出九十三章至一百二十三章，只好名為《續集》。墨人在書前題五言律詩一首：

浩劫未埋身，揮淚寫紅塵，非名非利客，孰晉孰秦人？
毀譽何清問？吉凶自有因。天心應可測，憂道不憂貧。

二〇〇四年初，巴黎 youfeng 書局出版豪華典雅的法文本《紅塵》，亦開「五四」以來中文作家大長篇小說進入西方文學世界重鎮先河。時為巴黎舉辦「中國文化年」期間，兩岸作家多由政府資助出席，張先生未獲任何資助，亦未出席，但法文本《紅塵》卻在會場展出，實為一大諷刺。張先生一生「只問耕耘，不問收穫」的寫作態度，七十多年來始終如一，不受任何外在因素影響。

肆、特殊事蹟與貢獻

一、《紅塵》出版與中法文學交流

《紅塵》寫作時間跨度長達一世紀，由清朝末年的北京龍氏家族的翰林第開始，寫到八國聯軍、滿清覆亡、民國初建、八年抗日、國共分治下的大陸與臺灣，續談臺灣的建設發展、開放大陸探親等政策。空間廣度更遍及大陸、臺灣、日本、緬甸、印度，是一部中外罕見的當代文學鉅著。墨人五十七歲時應邀出席在西方文藝復興聖地佛羅倫斯所舉辦的首屆國際文藝交流大會，會後環遊地球一周。七十歲時應邀訪問中國大陸四十天，次年即出版《大陸文學之旅》。《紅塵》一書最早於臺灣新生報連載四年多，並由該報連出三版，臺灣新生報易主後，將版權交由昭明出版社出版定本六卷。由於本書以百年來外患內亂的血淚史為背景，寫出中國人在歷史劇變下所顯露的生命態度、文化認知、人性的進取與沉淪，引起中外許多讀者極大共鳴與回響。

旅法學者王家煜博士是法國研究中國思想的權威，曾參與中國古典文學的法文百科全書翻譯工作，他認為深入的文化交流仍必須透過文學，而其關鍵就在於翻譯工作。從五四運動以來，中西文化交流一直是西書中譯的單向發展。直到九十年代文建會提出「中書外譯」計畫，臺灣作家才逐漸被介紹到西方，如此文學鉅著的翻譯，算是一個開始。

王家煜在巴黎大學任教中國上古思想史，他指出《紅塵》一書中所引用的詩詞以及蘊含中國思想的博大精深，是翻譯過程中最費工夫的部分。為此，他遍尋參考資料，並與學者、詩人討論，歷時十年終於完成《紅塵》的翻譯工作，本書得以出版，感到無比的欣慰。他笑著說，這可說是「十年寒窗」。

《紅塵》法文譯本分上下兩大冊，已由法國最重要的中法文書局「友豐書店」出版。友豐負責人潘立輝謙沖寡言，三十年多來，因對中法文化交流有重大貢獻而獲得法國授予文化「騎士勳章」的榮譽。他於五年前開始成立出版部，成為歐洲一家以出版中國圖書法文譯著為主業的華人出版社。

潘立輝表示，王家煜先生的法文譯筆典雅、優美而流暢，使他收到「紅塵」譯稿時，愛得不忍釋手，他以一星期的時間一口氣看完，經常讀到凌晨四點。他表示出版此書不惜成本，不太可能賺錢，卻感到十分驕傲，因為本書能讓不懂中文的旅法華人子弟，更瞭解自己文化根源的可貴之處，同時，本書的寫作技巧必對法國文壇有極大影響。

二、不擅作生意

張先生在六十五歲退休之前，完全是公餘寫作，在軍人、公務員生活中，張先生遭遇的挫折不少。軍職方面，張先生只升到中校就不做了，因為過去稱張先生為前輩、老長官的人都成為張先生的上司，張先生怎麼能做？因為張先生的現職是軍聞社資料室主任（他在南京時即任國防部新創立的「軍事新聞總社」實際編輯主任，因言守元先生是軍校六期老大哥，未學新聞，不在編輯之列）。但張先生以不求官，只求假退役，不擋人官路，這才退了下來。那時養來亨雞風氣盛行，在南京軍閩總社任外勤記者的姚秉凡先生頭腦靈活，他即時養來亨雞，張先生也「東施效顰」，結果將過去稿費積蓄全部賠光。

三、家庭生活與運動養生

張先生大兒子考取中國廣播公司編譯，結婚生子，廿七年後才退休，長孫修明取得美國南加州大學電機碩士學位，之後即在美國任電機工程師。五個子女均各婚嫁，小兒子選良以獎學金取得美國華盛頓大學化學工程博士，媳蔡傳惠爲伊利諾理工學院材料科學碩士，兩孫亦已大學畢業就業，落地生根。

張先生兩老活到九十一、九十二歲還能照顧自己。（近年以一印尼女「外勞」代做家事）張先生一伏案寫作四、五小時都不休息，與臺大外文系畢業的長子選翰兩人都信佛，六十五歲退休後即吃全素。低血壓十多年來都在五十五至五十九之間，高血壓則在一百一十左右，走路「行如風」，年輕人很多都跟不上張先生，比起初來臺灣時毫不遜色，這和張先生運動有關。因爲張先生住大直後山海軍眷舍八年，眷舍右上方有一大片白色天主教公墓，諸事不順，公家宿舍小，又當西曬，張先生靠稿費維持七口之家和五個子女的教育費。三伏天右手墊塊著毛巾，背後電扇長吹，三年下來，得了風濕病，手都舉不起來，花了不少錢都未治好。後來章斗航教授告訴張先生，圓山飯店前五百完人塚廣場上，有一位山西省主席閻錫山的保鑣王延年先生在教太極拳，勸張先生天一亮就趕到那裡學拳，一定可以治好。張先生一向從善如流，第二天清早就向王延年先生報名請教，王先生有教無類，收張先生這個年已四十的學生，王先生先不教拳，只教基本軟身功攀腿，卻受益非淺。

四、耿直的公務員性格

張先生任職時向來是「不在其位，不謀其政」。後來升簡任一級組長，有一位「地下律師」的專員，平時鑽研六法全書，混吃混喝，與西門町混混都有來往，他的前任爲大畫家齊白石女婿，平日公私不分，是非不明，借錢不還，沒有口德，人緣太差，又常約那位「地下律師」專員到家中打牌。那專員平日不簽到，甚至將簽到簿撕毀他都不哼一聲，因爲爲他多報年齡，屆齡退休時想更改年齡，但是得罪人太多，金錢方面更不清楚，所以不准再改年齡，組長由張先生繼任。

張先生第一次主持組務會報時，那位地下律師就在會報中攻擊圖書科長，張先生立即申斥，並宣佈記過。簽報上去處長都不敢得罪那地下律師，又說這是小事，想馬虎過去，張先生以秘書處名譽紀律爲重，非記過不可，讓他去法院告張先生好了。何宜武秘書長是學法的，他看了張先生簽呈同意記過，那位地下律師「專員」不但不敢告，只暗中找一位不明事理的國大「代表」來找張先生的麻煩。因事先有人告訴他，張先生完全不理那位代表，他站在張先生辦公室門口不敢進來，幾分鐘後悄然而退。人不怕鬼，鬼就怕人。諺云：「一正壓三邪」，這是經驗之談。直到張先生退休，那位專員都不敢惹事生非，西門町流氓也沒有找張先生的麻煩，當年的代表十之八九已上「西天」，張先生活到九十二歲還走路「行如風」，一坐到書桌，能連續寫作四、五小時而不倦，不然張先生怎麼能在兩岸出版約三千萬字的作品？

原載新文壇（紮根台灣六十年）、墨人民國一百年十一月十三日校正）

墨人博士作品全集

文學是千秋藝業
秦皇漢武今何在
李白杜甫仍風流

全集共分四大類
一、散文類 二、小說類
三、文學理論類
四、新詩古典詩詞類

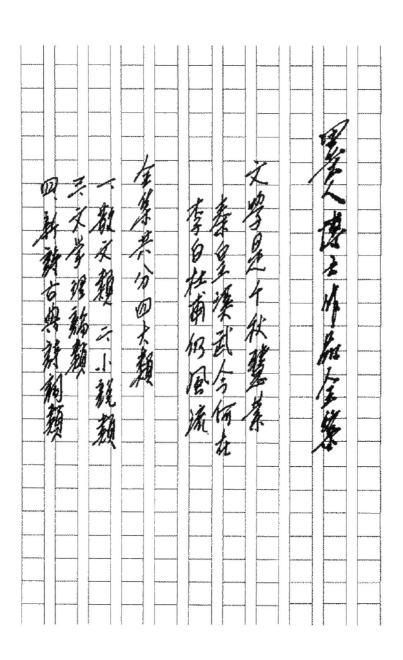

我出生於一個「萬般皆下品，惟有讀書高」的傳統文化家庭，且深受佛家思想影響，因祖母信佛，兩個姑母先後出家，大姑母是帶著賠嫁的錢購買依山傍水風景很好，上名山廬山的必經之地的「天后宮」出家的，小姑母的廟則在鬧中取靜的市區。我是父母求神拜佛後出生的男子，並寄名佛下，乳名聖保，上有二姊下有一妹都夭折了，在那個重男輕女的時代！我自然水漲船高了。我記得四、五歲時一位面目清秀，三十來歲文質彬彬的李瞎子替我算命，母親問李瞎子，我的命根穩不穩？能不能養大成人？李瞎子說我十歲行運，幼年難免多病，可以養大成人，但是會遠走高飛。母親聽了憂喜交集，在那個時代不但妻以夫貴，也以子貴，有兒子在身邊就多了一層保障。母親的心理壓力很大，李瞎子的「遠走高飛」那句話可不是一句好話。

到現在八十多年了，我還記得十分清楚。母親暗自憂心。何況科舉已經廢了，不必「進京趕考」，更不會「當兵吃糧」，安安穩穩作個太平紳士或是教書先生不是很好嗎？我們張家又是大族，人多勢眾，不會受人欺侮，何況二伯父的話比法律更有權威，人人敬仰，去外地「打流」又有什麼好處？因此我剛滿六歲就正式拜孔夫子入學啟蒙，從《三字經》、《百家姓》、《千字文》、《千家詩》、《論語》、《大學》、《中庸》……《孟子》、《詩經》、《左傳》讀完了都要整本背，在十幾位學生中，也只有我一人能背，我背書如唱歌，窗外還有人偷聽，他們實在缺少娛樂。除了我父親下雨天會吹吹笛子、簫，消遣之外，沒有別的娛樂，我自幼歡喜絲竹之音，但是很少聽到。讀書的人也只有我們三房、二房兩兄弟，二伯父在城裡當紳士，偶爾下鄉排難解紛，他是一族之長，更受人尊敬，因為他大公無私，又有一百八十公分左右的身高，眉眼自有威嚴，能言善道，他的話比法律更有效力，加之民性純樸，真是「夜不閉戶，道不失遺」。只有「夏都」廬山才有這麼好的治安。
我十二歲前就讀完了四書、詩經、左傳、千家詩。我最喜歡的是《千家詩》和《詩經》。

關關雎鳩，在河之洲，
窈窕淑女，君子好逑。

我覺得這種詩和講話差不多，可是更有韻味。我就喜歡這個調調。《千家詩》我也喜歡，我背得更熟。開頭那首七言絕句詩就很好懂；

雲淡風清近午天，傍花隨柳過前川。
時人不識余心樂，將謂偷閒學少年。

老師不會作詩，也不講解，只教學生背，我覺得這種詩和講話差不多，但是更有韻味。我也了解大意，我以讀書爲樂，不以爲苦。這時老師方教我四聲平仄，他所知也止於此。

我也喜歡《詩經》，這是中國最古老的詩歌文學，是集中國北方詩歌的大成。可惜三千多首被孔子刪得只剩三百首。孔子的目的是：「詩三百，一言以蔽之，曰思無邪。」孔老夫子將《詩經》當作教條。詩是人的思想情感的自然流露，是最可以表現人性的。先民質樸，孔子既然知道「食色性也」，對先民的集體創作的詩歌就不必要求太嚴，以免喪失許多文學遺產和地域特性。楚辭和詩經不同，就是地域特性和風俗民情的不同。文學藝術不是求其同，而是求其異。這樣才會多彩多姿。文學不應成爲政治工具，但可以移風易俗，亦可淨化人心。我十二歲以前所受的基礎教育，獲益良多，但也出現了一大危機，沒有老師能再教下去。幸而有一位年近二十歲的姓王的學生在廬山一未立案的國學院求學，他問我想不想去？我自然想去，但廬山夏涼，冬天太冷，父親知道我的心意，並不反對，他對新式的人手是刀尺的教育沒有興趣，我便在飄雪的寒冬同姓王的爬上廬山，我生在平原，這是第一次爬上高山。

在廬山我有幸遇到一位湖南岳陽籍的閻毅字任之的好老師，他只有三十二歲，飽讀詩書，與民國初期的江西大詩人散原老人唱和，他的王字也寫的好。有一天他要六七十位年齡大小不一的學生各寫一首絕句給他看，我寫了一首五絕交上去，廬山松樹不少，我生在平原是看不到松樹的，我是即景生情，信手寫來，想不到閻老師特別將我從大教室調到他的書房去，在他右邊靠牆壁另加一桌一椅，教我讀書寫字，並且將我的名字「熏」改為「熙」，視我如子。原來是他很欣賞我那首五絕中的「疏松月影亂」這一句。我只有十二歲，不懂人情世故，也不了解他的深意。時任漢口市長張群的侄子張繼文還小我一歲，卻是個天不怕、地不怕的小太保，江西省主席熊式輝的兩個小舅子大我幾歲，閻老師的侄子卻高齡二十八歲。學歷也很懸殊，有上過大學的、高中的，多是對國學有興趣，支持學校的袞袞諸公也都是有心人士，新式學校教育日漸西化，國粹將難傳承，所以創辦了這樣一個尚未立案的國學院，也未大張旗鼓正式掛牌招生，但聞風而至的要人子弟不少，校方也本著「有教無類」的原則施教，閻老師也是義務施教，他與隱居廬山的要人嚴立三先生也有交往。（抗日戰爭一開始嚴立三即出山任湖北省主席，諸閻老師任省政府秘書，此是後話。）同學中權貴子弟亦多，我雖不是當代權貴子弟，但九江先組玉公以提督將軍身分抵抗蒙古騎兵入侵雁門關戰死東昌（雁門關內北京以西縣名，一九九〇年我應邀訪問大陸四十天時去過。）而封河間王；其子輔公。

以進士身分出仕，後亦應昭領兵三定交趾而封定興王；其子貞公亦有兵權，因受政客讒害而自嘉定謫居潯陽。大詩人白居易亦曾謫爲江州司馬，我另一筆名即用江州司馬。我是黃帝第五子揮的後裔，他因善造弓箭而賜姓張。遠祖張良是推薦韓信爲劉邦擊敗楚霸王項羽的漢初三傑之首。他有知人之明，深知劉邦可以共患難，不能共安樂，所以悄然引退，作逍遙遊，不像韓信爲劉邦拼命打天下，立下汗馬功勞，雖封三齊王卻死於未央宮呂后之手。這就是不知進退的後果。我很敬佩張良這位遠祖，抗日戰爭初期（一九三八）我爲不作「亡國奴」，即慨轉赴臨時首都武昌以優異成績考取軍校，一位落榜的姓熊的同學帶我們過江去漢口。中共未公開招生的「抗日大學」（當時國共合作抗日，中共在漢口以「抗大」名義吸收人才。）辦事處參觀，接待我們的是一位讀完大學三年級才貌雙全，口才奇佳的女生獨對我說負責保送我免試進「抗大」一期，因未提其他同學，我不去。一年後我又在軍校提前一個月畢業，因我又考取陪都重慶中央政府培養高級軍政幹部的中央訓練團，而特設的新聞「新聞研究班」第一期，與我同期的有爲新詩奉獻心力的覃子豪兄（可惜五十二歲早逝）和中央社東京分社主任兼國際記者協會主席的李嘉兄。他在我訪問東京時曾與我合影留念，並親贈我精裝《日本專欄》三本。他七十歲時過世，這兩張照片我都編入「全集」一百九十多萬字的空前大長篇小說（紅塵）照片類中。而今在台同學只有兩位了。

民國二十八年（一九三九）九月我以軍官、記者雙重身分，奉派到第三戰區最前線的第三十二集團軍上官雲相總部所在地，唐宋八大家之一，又是大政治家王安石，尊稱王荊公的家鄉臨川，（屬撫州市）作軍事記者，時年十九歲，因第一篇戰地特寫《臨川新貌》經第三戰區長官部主辦的行銷甚廣的《前線日報》發表，隨即由淪陷區上海市美國人經營的《大美晚報》轉載，而轉為文學創作，因我已意識到新聞性的作品易成「明日黃花」，文學創作則可大可久，我為了寫大長篇《紅塵》、六十四歲時就請求提前退休，學法出身的秘書長何宜武先生大惑不解，他對我說：

「別人想幹你這個工作我都不給他，你為什麼要退？」我幹了十幾年他只知道我是個奉公守法的張萬熙，不知道我是「作家」墨人，有一次國立師範大學校長劉真先生告訴他張萬熙就是墨人，劉校長看了我在當時的「中國時報」發表的幾篇有關中國文化的理論文章，他希望我繼續寫，劉校長真是有心人。沒想到他在何宜武秘書長面前過獎，使我不能提前退休，要我幹到六十五歲多四個月才退了下來。現在事隔二十多年我才提這件事。鼎盛時期的(台灣新生報)連載四年多的拙作《紅塵》出版前三冊時就同時獲得新聞局著作金鼎獎和嘉新文化基金會「優良著作獎」，劉真校長也是嘉新文化基金會的評審委員之一，他一定也是投贊成票的。「世有伯樂而後有千里馬」。我九十二歲了，現在經濟雖不景氣，但我還是重讀重校了拙作「全集」我一向只問耕耘，不問收穫，我歷任軍、公、教三種性質不同的職務，經過重重考核關卡，寫作七十三年，經過編者的考核更多，我自己從來不辦出版社。我重視分工合作。我頭腦清醒，是非分明，歷史人物中我更敬佩遠祖張良，不是劉邦。張良的進退自如我更欽服。在政治角力場中要保持頭腦清醒，人性尊嚴並非易事。我們張姓歷代名人甚多，我對遠祖張良的進退自如尤為欽服，因此我將民國四十年在台灣出生的幼子依譜序取名選良。他早年留美取得化學工程博士學位，雖有獎學金，但生活仍然艱苦，美國地方大，出入非有汽車不可，這就不是獎學金所能應付的，我不能不額外支持，他取得化學工程博士學位與取得材料科學碩士學位的媳婦蔡傳惠雙雙回台北探親，且各有所成，幼子曾研究生產了飛機太空船用的抗高溫的纖維，媳婦則是一家公司的經理，下屬多是白人，兩孫亦各有專長，在台北出生的長孫是美國南加州大學的電機碩士，在經濟不景氣中亦獲任工程師，我不要第三代走這條文學小徑，是現實客觀環境的教訓，我何必讓第三代跟我一樣忍受生活的煎熬，這會使有文學良心的人精神崩潰的。我因經常運動，又吃全素二十多年，九十二歲還能連寫四、五小時而不倦。我寫作了七十多年，也苦中有樂，但心臟強，又無高血壓，一是得天獨厚，二是生活自我節制，我到現在血壓還是60－110之間，沒有變動，寫作也少戴老花眼鏡，走路仍然「行如風」，十分輕快，我在國民大會主編《憲政思潮》十八年，看到不少在大陸選出來的老代表，走路兩腳在地上蹉跎，這就來日不多了。個人的健康與否看他走路就可以判斷，作家寫作如在八十歲以後還不戴老花眼鏡，沒有高血壓，長命百歲絕無問題。如再能看輕名利，不在意得失，自然是仙翁了。健康長壽對任何人都很重要，對詩人作家更重要。

一九九〇年我七十歲應邀訪問大陸四十天作「文學之旅」時，首站北京，我先看望已九十高齡的老前輩散文作家，大家閨秀型的風範，平易近人，不慍不火的冰心，她也「勞改」過，但仍心平氣和。本來我也想看看老舍，但老舍已投湖而死，他的公子舒乙是中國現代文學館的副館長，他也出面接待我，還送了我一本他編寫的《老舍之死》，隨後又出席了北京詩人作家與我的座談會，參加七十賤辰的慶生宴，彈指之間卻已二十多年了。我訪問大陸四十天，次年即由台北「文史哲出版社」出版照片文字俱備的四二五頁的《大陸文學之旅》。不慮此行。大陸文友看了這本書的無不驚異，他們想不到我七十一高齡還有這樣的快筆，而又公正詳實。他們不知我行前的準備工作花了多少時間，也不知道我一開筆就很快。

我拜會的第二位是跌斷了右臂的詩人艾青，他住協和醫院，我們一見如故，他是浙江金華人，卻體格高大，性情直爽如燕趙之士，完全不像南方金華人。我們一見面他就緊握著我的手不放，侃侃而談，我不知道他編《詩刊》時選過我的新詩。在此之前我交往過的詩人作家不少，沒有像他如此豪放真誠，我告別時他突然放聲大哭，陪我去看他的北京新華社社長族侄張選國先生，陪我四十天作《大陸文學之旅》的廣州電視台深圳站站長高麗華女士，文字攝影記者譚海屏先生等多人，不但我為艾青感傷，陪同我去看艾青的人也心有戚戚焉，所幸他去世後安葬在八寶山中共要人公墓，他是大陸唯一的詩人作家有此殊榮。台灣單身詩人同上校軍文黃仲琮先生，死後屍臭才有人知道，他小我三歲，如我不生前買好八坪墓地，連子女也只好將我兩老草草火化，這是與我共患難一生的老伴死也不甘心的，抗日戰爭時她父親就是我單獨送上江西南城北門外義山土葬的。這是中國人「入土為安」的共識。也許有讀者會問這和文學創作有什麼關係？但文學創作不是單純的文字工作，而是作者整個文化觀、文學觀，人生觀的具體表現，不可分離。詩人作家不能「瞎子摸象」，還要有「舉一反三」的能力。我做人很低調，寫作也不唱高調，但也會作不平之鳴，仗義直言。我不鄉愿，我重視一步一個腳印，「打高空」可以譁眾邀寵於一時，但「旁觀者清」，讀者中藏龍臥虎，那些不輕易表態的多是高人。高人一旦直言不隱，會使洋洋自得者現出原形。作品一旦公諸於世，一切後果都要由作者自己負責，這也是天經地義的事。

我寫作七十多年無功無祿，我因熬夜寫作頭暈住馬偕醫院一個星期也沒有人知道，更不像大陸的當代作家、詩人是有給制，有同教授的待遇，而稿費、版稅都歸作者所有。依據民國九十八年一月十日「中國時報」A十四版「二〇〇八年中國作家富豪榜單」二十五名收入人民幣的數字統計，第一高的郭敬明一年是一千三百萬人民幣，第二名鄭淵潔是一千一百萬人民幣，第三名楊紅櫻是九百八十萬人民幣。最少的第二十五名的李西閩也有一百萬人民幣，以人民幣與台幣最近的匯率近一比四・五而言，現在大陸作家一年的收入就如此之多，是我一九九〇年應邀訪問大陸四十天作文學之旅時所未想像到的，而現在的台灣作家與我年紀相近的二十年前即已停筆，原因之一是發表出版兩難，二是年齡太大了。民國九十八年（二〇〇九）以前就有張漱菡（本名欣禾）、尹雪曼、劉枋、王書川、艾雯、嚴友梅六位去世，嚴友梅還小我四、五歲，小我兩歲的小說家楊念慈則行動不便，鬍鬚相當長，可以賣老了。我托天佑，又自我節制，二十多年來吃全素，又未停止運動，也未停筆，最近在台北榮民總醫院驗血檢查，健康正常。我也有我的養生之道，每天吃枸杞子明目，吃南瓜子抑制攝護腺肥大，多走路、少坐車，伏案寫作四、五小時而不疲倦，此非一日之功。

民國九十八（二〇〇九）己丑，是我來台六十周年，這六十年來只搬過兩次家，第一次從左營搬到台北大直海軍眷舍，在那一大片天主教白色公墓之下，我原先不重視風水，也無錢自購住宅，想不到鄰居的子女有得神經病的，有在金門車禍死亡的，大人有坐牢的，有槍斃的，也有得神經病的，我退役養雞也賠光了過去稿費的積蓄，讀台大外文系的大兒子也生病，我則諸事不順，直到搬到大屯山下坐北朝南的兩層樓的獨門獨院自宅後，自然諸事順遂，我退休後更能安心寫作，遠離台北市區，眞是「市遠無兼味，地僻客來稀。」同里鄰的多是市井小民，但治安很好，誰也不知道我是爬格子的，連警察先生也不光顧舍下，除了近十年常有人打電話來騙我，幸未上大當外，我安心過自己的生活。當年「移民潮」去不了美國的也會去加拿大，我是「美國人」的祖父，我不移民美國，更別說去加拿大了。娑婆世界無常，早年即移民美國的琦君（本名潘希眞）、彭歌，最後還是回到台灣來了，這不能說台灣是「天堂」，以我的體驗而言是台北市氣候宜人，夏天三十四度以上的日子少，冬天十度以下的日子也很少，老年人更不能適應零度以下的氣溫，我只有冬天上大屯山、七星山頂才能見雪。有高血壓、心臟病的老人更不能適應。我不想做美國公民，做台灣平民六十多年，也沒有自卑感。

娑婆世界是一個無常的世界，天有不測風雲，人有旦夕禍福，老子早說過：「福兮禍所倚，禍兮福所伏。」禍福無門，唯人自招。我一生不起歪念，更不損人利己，與人爲善。雖常吃暗虧，只當作上了一課。這個花花世界是我學不完的大教室，萬丈紅塵其中也有黑洞，我心存善念，更不造文字孽，不投機取巧，不違背良知，蒼天自有公斷，我本著文學良心寫作，盡其在我而已，讀者是最好的裁判。

民國一〇〇年（二〇一一）辛卯七月二十九日下午六時二十三分於紅塵寄廬

1951 年墨人 31 歲與夫人曾麗春女士（30 歲）結婚十周年紀念合影於左營

墨人博士七十壽辰與夫人曾麗春女士合影。此照為大翻譯家、文學理論家黃文範先生所攝，並在照片背後題「南山北海惟仁者壽」。

民國二十九年（1940）作者墨人在江西南城戎裝照。

1939 年墨人即自戰時陪都四川重慶奉派至江西臨川王安石家鄉，第三戰區前線任軍事記者創辦軍報，提供抗日官兵精神食糧。時年 19 歲。

2010 年「五四」作者墨人 91 歲在花蓮和南寺家人合影

2003 年 8 月 26 日作者墨人（中）在含鄱口觀山景點與
作者長女韻華、長子選翰、三女韻湘、二女韻真合影。

2005 年 2 月作者次子選良（右一）回台北與父（右二）及
作者夫人（中）三女韻湘（左二）二女韻真（左一）合影。

作者墨人在書房留影，時年八十五歲。

《墨人博士大長篇小說〈紅塵〉法文譯本封面照片》

5　墨人博士作品全集圖像

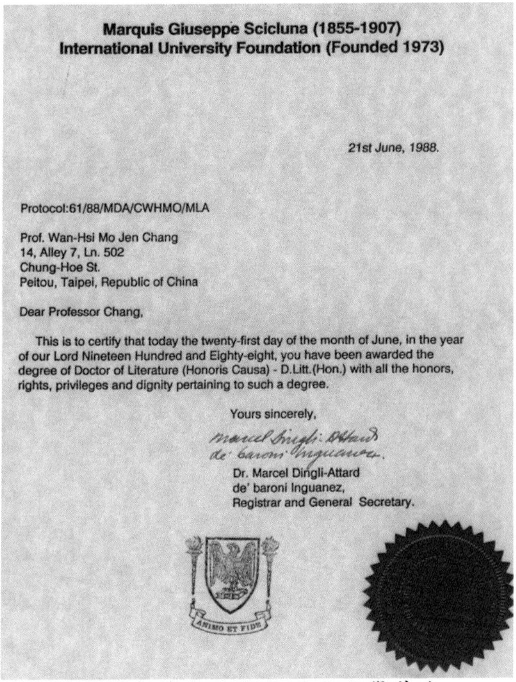

Marquis Giuseppe Scicluna (1855-1907)
International University Foundation (Founded 1973)

21st June, 1988.

Protocol:61/88/MDA/CWHMO/MLA

Prof. Wan-Hsi Mo Jen Chang
14, Alley 7, Ln. 502
Chung-Hoe St.
Peitou, Taipei, Republic of China

Dear Professor Chang,

This is to certify that today the twenty-first day of the month of June, in the year of our Lord Nineteen Hundred and Eighty-eight, you have been awarded the degree of Doctor of Literature (Honoris Causa) - D.Litt.(Hon.) with all the honors, rights, privileges and dignity pertaining to such a degree.

Yours sincerely,

Dr. Marcel Dingli-Attard
de' baroni Inguanez,
Registrar and General Secretary.

ANIMO ET FIDE

1988 年美國馬奎士國際大學基金會，授予張萬熙墨人教授榮譽文學博士學位證書。

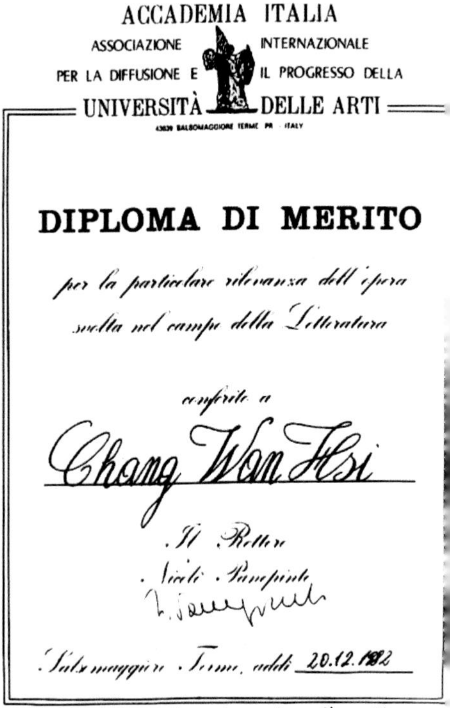

ACCADEMIA ITALIA
ASSOCIAZIONE INTERNAZIONALE
PER LA DIFFUSIONE E IL PROGRESSO DELLA
UNIVERSITÀ DELLE ARTI
43039 SALSOMAGGIORE TERME PR - ITALY

DIPLOMA DI MERITO

per la particolare rilevanza dell'opera scelta nel campo della Letteratura

conferito a

Chang Wan Hsi

Il Rettore
Nicola Pampinto

Salsomaggiore Terme, addì 20.12.1982

義大利出版英、法、德、義四種文字的「國際文學史」的 ACCADEMIA ITALIA, 1982 年授予墨人的文學功績證書。

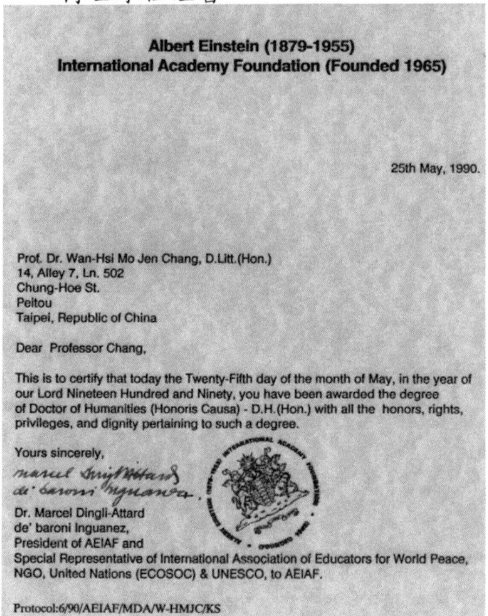

Albert Einstein (1879-1955)
International Academy Foundation (Founded 1965)

25th May, 1990.

Prof. Dr. Wan-Hsi Mo Jen Chang, D.Litt.(Hon.)
14, Alley 7, Ln. 502
Chung-Hoe St.
Peitou
Taipei, Republic of China

Dear Professor Chang,

This is to certify that today the Twenty-Fifth day of the month of May, in the year of our Lord Nineteen Hundred and Ninety, you have been awarded the degree of Doctor of Humanities (Honoris Causa) - D.H.(Hon.) with all the honors, rights, privileges, and dignity pertaining to such a degree.

Yours sincerely,

Dr. Marcel Dingli-Attard
de' baroni Inguanez,
President of AEIAF and
Special Representative of International Association of Educators for World Peace, NGO, United Nations (ECOSOC) & UNESCO, to AEIAF.

Protocol:6/90/AEIAF/MDA/W-HMJC/KS

1990 年美國愛因斯坦國際學院基金會授予張萬熙墨人教授榮譽人文學（含哲學文學藝術語言四種）博士學位

WORLD UNIVERSITY ROUNDTABLE
In Corporate Affiliation with the World University

Greetings

In recognition of Distinguished Achievement within the principles and purposes of the World University development, the Trustees of the Corporation, upon the nomination of the Secretariat, confer doctoral membership and this honorary award upon

Chang Wan-Hsi (Mo Jen)

The Cultural Doctorate in Literature

with all rights and privileges there to pertaining.

Witness our hand and seal at the International Secretariat Regional Campus, Benson, Arizona
April 17, 1989

President of the Board of Trustees

Secretary of the Board of Trustees

1989 年美國世界大學授予張萬熙墨人榮譽文學博士學位，文化大學創辦人張其昀（曉峰）先生亦獲此榮譽。

THIS PICTORIAL TESTIMONIAL OF ACHIEVEMENT AND DISTINCTION proclaims throughout the world that

DR. CHANG WAN-HSI (MO JEN)

is the recipient of the above-mentioned Honour, granted by the Board of Editors of the

2000 OUTSTANDING SCHOLARS OF THE 20TH CENTURY

meeting in Cambridge, England, on the date set out below, AND that the Board also resolves that a portrait photograph of

DR. CHANG WAN-HSI (MO JEN)

be attached to this Testimonial as verification of the Honour bestowed.

2000 OUTSTANDING SCHOLARS OF THE 20TH CENTURY

First Edition

Signed and sealed on the 14th December 1999

Authorized Officer

1999年10月張萬熙墨人博士榮登英國劍橋國際傳記中心《二十世二千位傑出學者》第一版證書。

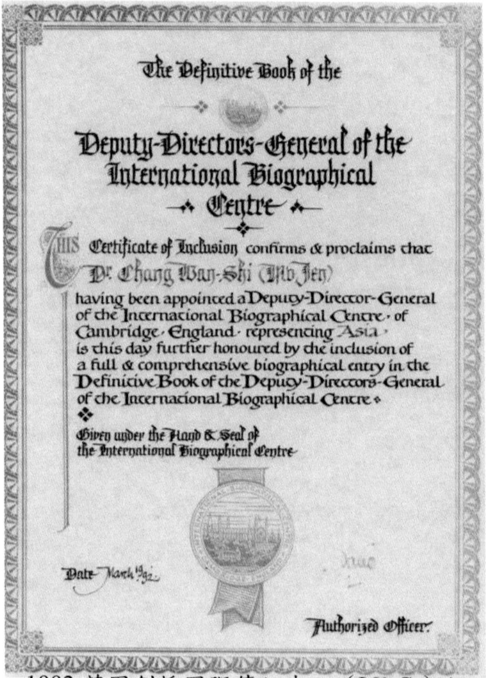

The Definitive Book of the

Deputy-Directors-General of the International Biographical Centre

THIS Certificate of Inclusion confirms & proclaims that

Dr. Chang Wan-Shi (Mo Jen)

having been appointed a Deputy-Director-General of the International Biographical Centre, of Cambridge, England, representing Asia, is this day further honoured by the inclusion of a full & comprehensive biographical entry in the Definitive Book of the Deputy-Directors-General of the International Biographical Centre.

Given under the Hand & Seal of the International Biographical Centre

Date March 1992

Authorized Officer

1992英國劍橋國際傳記中心（I.B.C.）任張萬熙墨人博士為代表亞洲的副總裁。

THE INTERNATIONAL SHAKESPEARE AWARD FOR LITERARY ACHIEVEMENT

This Illuminated Certificate of Merit commemorates and celebrates the life and work of

Dr. Chang Wan-Hsi (Mo Jen) DDG

and is therefore a rightful recipient of the Shakespeare Award for Literary Achievement and as such stands testament to the efforts made by said individual in the arena of

Poetry, Novels and the Humanities

Witnessed on the date set out below by the Officers of the International Biographical Centre at its Headquarters in Cambridge, England and signed by the Director General and Editor-In-Chief.

16th March 2009

Director General　　Editor-In-Chief

2009年3月16日英國劍橋國傳記中心總裁與總編輯聯合授予張萬熙墨人博士國際莎士比亞文學成就獎。

International Biographical Centre Cambridge CB2 3QP England
Telephone: +44 (0) 1353 646600 Facsimile: +44 (0) 1353 646601

IBC

REF: LAA/MED/MW-13640

13 November 2002

Dr Chang Wan-Hsi (Mo Jen) DDG
14 Alley 7, Lane 502
Chung Ho Street
Peitou
Taipei
Taiwan

Dear Dr Chang

Please find enclosed the Medal in respect of the **Lifetime Achievement Award** which I hope meets with your approval.

Yours sincerely

MICHELLE WHITEHALL
Personal Assistant to the Director General

Enc

英國劍橋國傳記中心(I.B.C.)2002年頒發詩人作家張萬熙（墨人）博士終身成就獎，英文信及金牌正反面照片墨人早年即被I.B.C.推選為副總裁。

白雪青山目次

白雪青山　第一冊

白雪青山 第二冊

附錄

白雪如銀青山未老（定本自序）

我自民國四十年（一九五一）起，集中精力寫小說之後，無論短篇、長篇，發表、出版都相當順利。第一部長篇《閃爍的星辰》兩部，一寫完就由高雄大業書店陳暉先生出版，而且他親自設計封面，預先一次付給我六千元的版稅，這在當時是一筆大數目，抵我好幾年的薪餉。這是民國四十二年（一九五三）的事。也是臺灣書店首開出版長篇小說的先河。第二部長篇《黑森林》，一寫完就由香港亞洲出版社出版，版稅港幣折合新臺幣兩萬多元，比大業的更多。這是民國四十四年（一九五五）的事，民國五十、五十一（一九六一、六二）兩年，又先後以兩個短篇小說與諾貝爾文學獎得主美國作家威廉福克納（William Faulkner）、瑞典作家拉革克菲斯特（Pan Lagerkvist）及大陸老作家郭沫若等七十多國重要作家同時入選維也納納富（Neff）出版公司編選的《世界最佳小說選集》。直到民國七十三年（一九八四）端午節，我開始寫一百二十章的大長篇《紅塵》時，以前的十七部長篇小說、十一本中短篇集都全部順利出版。但是我對發表出版《紅塵》卻最不樂觀，以為這是不可能的事。一是此時臺灣早已流行輕、薄、短、小的作品二十來年，短篇小說都不可能發表、出版，更別說一百多萬字的大長篇了！和我同輩的小說作家朋友都比我聰明，老早擱筆不寫了，以免白費力氣。我寫大長篇《紅塵》，完全是逆勢而為，既無性的挑逗，甚至連一個吻字都沒有，還觸及大政治禁區，怎麼能發表、出版？而且我在寫完九十二章、一百二十萬字時，幾乎精疲力竭，不得不暫時告一段落，休息一陣。幸而《臺灣新生報》居然將這九十二章連載了一千零三十七天後又出版了，還同時獲得新聞局金鼎著作獎及嘉新優良著作獎，這真是破天荒的事。而在輕、薄、短、小的作品都不好銷時，《紅塵》又居然在民國八十一年三月再版，同年十一月二刷，報社還要我寫完九十三章至一百二十章，連載後又作為《續集》出版。這實在是一大異數。這部《紅塵》一共四大冊，按版面計算近兩百萬字。

民國八十七年（一九九八）年我又寫了一個新長篇《婆婆世界》，這部化佛學精義和修行體驗為文學的作品我不打算耗時費日發表。因為我退休以後只有兩人生活，不必等米下鍋，不需要稿費，及時出版正好作為我八十賤辰的紀念。因此一寫完我就交給當初就有默契的華梵大學原泉出版社吳總編輯明興，他不久後，應昭明出版社之聘出任總編輯，文藝書籍先出版《婆婆世界》。[redacted]。在純文學早已逼進死弄子的臺灣，我一向既不搞小圈圈、更不會攀龍附鳳，始終是一個「個體戶」的投稿人，如今已是八十歲的老頭，更難見風轉舵。在這個一切向錢看的社會，本錢足的小姐都要靠出「寫真集」才能「揚名立萬」的「流行文化」大潮中，我未慘遭滅頂，更不能不說是個大異數。

但是我的作品也沒有上過「暢銷書排行榜」，這倒是很正常的現象。我的書銷的版次最多的不是小說，而是三十多年前（一九六六）在臺灣商務印書館出版的文學理論《紅樓夢的寫作技巧》。商務終止《人人文庫》之前，已經連銷十版。一九九三年北京文聯出版公司又出了大陸版。這又是一個異數。我的書都沒有經紀人，也沒有出版商替我打廣告，商務印書館又是老字號，比我還老，更不作廣告，而且只在自己的門市部賣，一向不批發外銷，怎麼不是異數？不過十多年前偶然遇到一位紅得發紫的女作家，她當面直爽地告訴我，她買了兩本《紅樓夢的寫作技巧》，一本放在辦公室內，一本隨身帶。大概這也是它能銷十版的一個原因！

長篇小說版次最多的算是《白雪青山》了。在此之前出了五版。一是民國五十三年（一九六四）它在《中華日報．副刊》連載完畢後，即由高雄長城出版社於同年八月出版。二是民國六十一年（一九七二）臺北中華書局破天荒出版五本《墨人自選集》：《白雪青山》、《靈姑》（[redacted]、《江水悠悠》（即昭明版的《滾滾長江》）、《鳳凰谷》四本長篇和一本《短篇小說．詩選》時一道出版的。三是民國七十八年（一九八九）一月臺北「大地出版社」出版的。四是北京「京華出版社」編寫《臺灣當代長篇小說精品書系》，於民國八十四年（一九九五）出版三千冊，民國八十六年（一九九七）八月，該社又重新改版、設計封面，再版一萬冊，是為第五版。此後有沒有繼續出版？還不知道。所以[redacted]臺北「昭明出版社」將《白雪青山》列為我的長篇代表作第二部時，我就視為第六版——也是定本了。

像《白雪青山》這種全書沒有一個吻字，只寫兩性的高尚情操、白雪、青山、清風、明月、與和諧的人際關係、思想交融的長篇小說，完全沒有廣告宣傳，初版到現在、四十年了。沒有變成廢紙，被讀者遺忘，還能繼續出版，真是對我這個笨人的一大鼓勵。

更想不到的是，民國八十七年（一九九八）十月二十七日的臺北《民生報》上刊了一篇許昌平先生專訪經濟部次長尹啟銘先生的〈書的啟示〉，文中說尹先生看過許多名著，「不過，如果一定要選出一本書，尹啟銘選擇墨人的《白雪青山》」，因為「他從小就是看《中華日報．副刊》連載的《白雪青山》長大的，到如今他對書中描寫男女主角大雪中私奔到廬山，躲在山中別莊，與儒、釋、道、傳教士等流交往，那種大雪封山、天地蒼茫、各家思想交錯、空靈脫俗的感覺，記憶猶新，且很嚮往那種意境」。

尹先生是一位「主修計算機（電腦）控制工程，曾當過最年輕的工業局長」的科技專家，他能欣賞拙作《白雪青山》，事隔三十多年仍「記憶猶新，且很嚮往那種意境」，我真沒有想到會有這樣一位難得的知音。許先生那篇專訪還是老作家郭嗣汾兄剪寄給我，我才知道的。因為我沒有訂《民生報》。（墨人注：尹先生已升到經濟部長，後轉行政院政務委員）

前此一年，還有一位住在板橋的讀者吳艷芳女士寫信告訴我，她憑看《白雪青山》的記憶，特別去大陸遊了一趟廬山回來。這也是我沒有想到的。當年《白雪青山》初版時，是有幾位女讀者寫信給我，談她們的讀後感。更有一位住在臺北市延平北路的女讀者，是當時臺北政壇一位大紅人的兒媳，寫了封信傾訴她自己的身世和遭遇，希望我能寫成書，很有厭世的心意。我除了立即回信疏導外，也答應她寫一本書，不久我就寫成了《春梅小史》，先在《公論報》連載，隨即在民國五十四年（一九六五）由高雄長城出版社出版。民國八十一年（一九九二）再由北京文聯出版公司出大陸版，易名《也無風雨也無晴》，這是一本寫臺灣日據時代和光復初期的養女生活和社會結構、現象的三十八章、二十三四萬字的小說。我祝福那位的女讀者還健在，活得比從前愉快。

尹次長和住在板橋、臺北市延平北路的那兩位女讀者，都是素昧平生。他們剛好代表了男女兩性，他們能欣賞我這個笨人的這本拙作，別人看來無所謂，我卻覺得比得到什麼國家文藝獎更榮幸，更有意義。英、美、義等西方國家對在下的肯定與獎勵很多，也不足為奇。但是他們三位代表了讀者的良心和良知，所以我特別重視。

這幾十年來，臺灣深受美國「流行文化」的影響，所謂「本土文化」又缺少抗衡的力量。斯土斯民，尤其是新生代，又不大瞭解優美的、傳統的中華文化，因此跟著「流行」走。所以女性以出「寫真集」、上《花花公子》雜誌為榮。有些「作家」為了上「暢銷書排行榜」，看別人出「寫真集」，上《花花公子》雜誌，自己也按捺不住，就大膽「脫光」，讓作品「赤裸」，甚且充滿殺機，以圖名利雙收。「作家」尚且如此，難怪我們這個社會怎麼不寡廉鮮恥、不道德淪喪、不男盜女娼?共業太重，又怎麼不遭天譴?俗話說：「人在作，天在看。」誨盜、誨淫、誨殺、顛倒倫常的文字孽，更甚於其他惡業，因為文字傳播更快更廣。作者縱然「名利雙收」，紅遍天下，富可敵國，但也難逃自作自受的因果。我認為文學是提升人類情操、生活品質、思想境界的語文藝術。文學不是安非他命、海洛英，作家也不是毒販，鴇兒。作家不但要有文學良心，更要有道德勇氣。筆可以造惡業，也可以積大功德，全看「起心動念」如何?「人在作，天在看」。寫作不是文字遊戲，筆不是印鈔機。明乎此，始可以語文學。當年曹雪芹寫《紅樓夢》，三餐不繼，費時十年，增刪五次，終於為我們留下了中華民族的文學瑰寶《紅樓夢》（曹雪芹是旗人，不是漢人，更非臺灣本土作家）。今天我們的物質條件比曹雪芹的時代好得太多了，作家再窮也不會三餐不堪。但作家也不必兩眼只望著鈔票、望著大廈別墅；不必忙著上報紙、上電視；更不必兩眼只望西方作家、美國作家拿諾貝爾文學獎金，應該看看他們的作品有沒有一部比得上《紅樓夢》？有沒有一位作家比得上曹雪芹？以美國最負盛名的諾貝爾文學獎得主海明威來說，《老人與海》不過四、五萬字，《紅樓夢》則多達百萬字，真是小巫見大巫！《老人與海》的所謂「哲學思想」，只是海明威個人的一點感慨，意境低，不成體系，怎能與《紅樓夢》涉及儒、釋、道三家思想的龐大體系相擬？連劉姥姥的人生哲學、人情世故，海明威也難以望其項背。二十世紀上百位諾貝爾文學獎作家、作品，沒有一位可以與曹雪芹《紅樓夢》相提並論。由英國的蕭伯納都不去領獎，亦可見其端倪。而我們的作家則像政客、生意人一樣，一切向美國看。但二次世界大戰後的美國好萊塢的性與暴力的「流行文化」，是屬於動物本能層次，更不可能產生偉大的作家和作品。真正偉大的作家、偉大的作品的產生，我認為還是要看東方，尤其是有深厚的文化土壤的中華民族，才能產生偉大的作家和作品。文化決定文學，所以偉大的作品也絕對不會出自那些跟著美國「流行文化」走的人。這點我敢斷言。一旦中國真正富、強、自由、民主，有十幾億人口作基礎的華文、華語，必然大為流行，那時華文文學作品就不必翻譯，屬於西方霸權世界的諾貝爾文學獎的評審委員自然能懂，華文文學就會受到較公平的待遇。「留得青山在，不怕沒柴燒。」果要能寫出好的、偉大的華文文學作品，諾貝爾文學獎自然會送上門來，何況作家根本不應該為任何獎而創作。曹雪芹寫《紅樓夢》時，諾貝爾還不知道在那兒？曹雪芹也沒有拿過一文錢的稿費、版稅呢！他是窮死的。以世俗的眼光看文學，完全為稿費、版稅而寫作，其格不高。思想境界高的偉大文學作品，自然也不能向此中求！以票房價值、市場取向作出版衡量標準，是商業行為，反而會造成文學反淘汰。事實擺在面前，不必說明。好的文學作品，自然有一定的讀者群，但不是商人以廣告宣傳製造、吸收出來的讀者，那些讀者一陣風過去也就煙消雲散了。好的文學作品的讀者群是潛在的，而且始終存在的，他仍是文學價值的判斷者，但不是一窩蜂。出版家和出版商也不一樣，各有取捨標準。但真正的作家，必有文學良心和道德勇氣，這是古今皆然，放諸四海而皆準的。華文文學的興旺，要靠有文學良心的作家，有眼光的出版家。有判斷能力的讀者，三位一體，自然結合，便能水到渠成。文運影響國家民族命運、國家民族命運影響文運，兩者互動關係十分密切。我們拭目以看吧！不能再「待」了！

庚辰（民國八十九年）三月十六日

二〇〇七年丁亥正月初四重校

《白雪青山》（三版自序）

橫看成嶺側成峰，遠近高低各不同。
不識廬山真面目，只緣身在此山中。

——蘇軾

日照香爐生紫煙，遙看瀑布掛前川。
飛流直下三千尺，疑是銀河落九天。

——李白

《白雪青山》於民國五十三年在《中華日報》連載，刊登完畢即由高雄市長城出版社於同年八月出版。民國六十一年七月，臺北中華書局出版我五大本《墨人自選集》，包括《白雪青山》、《靈姑》、《江水悠悠》、《鳳凰谷》四個長篇及《短篇小說・詩選》。中華書局很少出版文藝創作的書籍，卻開風氣之先出版作家自選集，而且一次給我出了五大本，這真是該局的大手筆，後因人事更迭，出了四位作家自選集之後即不再出了。民國七十六年四月，我與中華書局解除合約，《白雪青山》便由大地出版社出版，是為第三版。

《白雪青山》在連載時及初版之後，識與不識的讀者在口頭上、文字上多有過獎，見之於文字的，商務印書館已收入《論墨人及其作品》[illegible]、《論墨人的小說》第三單元中。在我已經出版的十[illegible]部長篇之中，我比較喜歡《白雪青山》，[illegible]

《白雪青山》是以故鄉廬山作地理背景。廬山是中國名山，宋朝蘇東坡有一首寫廬山的七絕，是這樣描寫的：

橫看成嶺側成峰，遠近高低各不同。
不識廬山真面目，只緣身在此山中。

他弟弟蘇轍也有一首寫廬山古寺名剎「萬杉寺」的七律：

萬本青杉一寺栽，滿堂金氣自天來。
涓涓石溜供廚汲，矗矗山屏繞寺開；
半榻松陰秋殿冷，一杯香飯午鐘催。
安眠飽食平生事，不待山僧喚始回。

唐朝李白有一首寫廬山另一古寺名剎「秀峰寺」（亦名開先寺）後瀑布的七絕是這樣寫的：

日照香爐生紫煙，遙看瀑布掛前川。
飛流直下三千尺，疑是銀河落九天。

另外他還有一首五古長詩寫這個瀑布的，其中有兩句是：「掛流三百丈，噴壑數十里。」這都是寫實之作。

宋朝米芾有一首寫這個瀑布水下「龍潭」的五律如下：

度峽捫青玉，臨深坐綠苔。
水從雙劍下，山挾兩龍來；
春暖花驚雪，林空石迸雷。
塵纓聊此濯，去首卻重回。

而清朝曹樹龍有兩首寫廬山「姊妹峰」的七絕更妙：

翠黛雲鬟絕世容，聯肩秀立兩芙蓉。

二喬都得英雄壻，不信名山老住儂。

雲裏七賢偏冷峭，天邊五老太龍鍾。

彭郎可嫁無媒說，待字年年姊妹峰，

歷代詩人寫故鄉廬山的詩，多得難以勝數，我只是隨便引用上面四位詩人的大作，以見一斑。他們雖有生花妙筆，其實並未誇張。如蘇東坡寫廬山全景的前兩句也是寫實，廬山的確是「橫看成嶺側成峰，遠近高低各不同」，後兩句寫的是廬山夏天多霧，變化莫測，突然雲自腳邊起，穿簾入戶，只聞人聲，不見人影，自己也不知身在何處？轉眼之間又雲消霧散，青山如洗。李白寫的瀑布「飛流直下三千尺，疑是銀河落九天」以及「掛流三百丈，噴壑數十里」，也不誇張，遠在星子縣，就可以望見這個瀑布懸空而下。我環遊世界，也看過不少風景名勝，從來沒有見過這麼長的瀑布，也沒有見過北帶萬里長江、南擁碧波萬頃的鄱陽湖的這樣名山，何況還有自大禹以降的許多古蹟？加上民國以來，牯嶺又是夏都。即使是五嶽，以及峨嵋、黃山，也沒有廬山這麼多的優異條件。

一般中外人士只是夏天去廬山歇伏，欣賞夏天的飛瀑流泉，雲霧縹緲，紅袖飄香……享受華氏七、八十度左右的涼爽氣溫。而我卻在廬山整整住了三年，深深體會到廬山的四季之美，這是別人少有的經驗。尤其是秋天的深山紅葉，清風明月；冬天的大雪封山，「千山鳥飛絕，萬徑人蹤滅」的空山寂寂，歷代詩人也少有見過、寫過的；春天的鶯飛花放，千山響杜鵑，新筍一夜暴長一尺，蛙鼓頻頻……自然不在話下。我在《白雪青山》內都將這種境界和男女主角的感情融為一體，一道昇華了。

《白雪青山》的時代背景是抗日戰爭前夕，我把一位愛國抗日書生的高尚情操和淒美的愛情故事，安排在如詩如畫和中國傳統文化與西洋文化交會的廬山，是經過深思熟慮的。惟其如此，書中人物的思想境界才容易提升，感情節操才容易昇華，也惟有通過天下名山和中國固有的文化的整合，才能將文學技巧昇華為文學藝術。至於我有沒有達到這個創作目的?那便有待於讀者的賜教了。[illegible]

民國七十七年元月十九日深夜

《白雪青山》初版二十三年後於北投

二〇〇二年二月二十四日 [illegible]

卷首詩

一雙仙侶尋幽趣，大雪對山上廣寒；
寂寂空山無飛鳥，清風明月上闌干。
圍爐聽戲消寒夜，踏雪深山訪慧真；
兩個雪人好作伴，異邦父女歎沉淪。
參天樹木啾啾鳥，短袖眷衫碩碩人；
太乙山莊神仙侶，處士夫妻妙語頻。
譚家妯娌姊妹檔，陶氏子孫醉石靚；
春色滿園籬邊鬧，紅妝一襲總是春。

高僧贈畫宜山水，小尼思凡也是春；
半路出家不自在，深山鬧虎更生嗔。

愛物愛人愛明月，管山管水管清風；
人在霧中忘富貴，僧為方外自圓融。

昨夜西風凋碧樹，今朝知己下青山；
離愁深愛傳書信，絕壑青天自淚潸。

佳人一意陪孤雁，弱水三千飲半瓢；
遁入深山留空話，草亭潦倒雪花飄。

第一章　一雙仙侶尋幽趣

大雪封山上廣寒

我和月仙到達蓮花洞時，已經積雪盈尺，滴水成冰，夏天車水馬龍的蓮花洞，現在簡直鴉雀無聲了。

從蓮花洞望上去，山麓碗口粗的竹子，被大雪壓彎了腰，竹梢直拖到地，竹葉上掛著亮晶晶的冰凌；密密的杉樹，像一排排銀色的傘，撐向冰雪的天空；好漢坡一片雪白，望不見那陡峭的石板路；枯嶺埋在冰雪裏，山頭一片白色的琉璃。

飯鋪的老闆以為我們是投宿的，抄著手，縮著頸子，滿臉笑容地踱了出來，咧著嘴向我們點頭一笑：

「稀客！稀客！」

我和月仙同時望了老闆一眼，他是一個矮胖和藹的中年人。

「老闆，打擾你了。」我向他欠欠身子。

「好說，好說，」他也向我欠欠身子，一臉的笑容：「這種數九寒天，難得貴客上門。」

「老闆，我們不打算落腳，我想請你代雇一頂轎子，兩個腳伕。」

「你先生想到那裏去？」他打量了我一眼，又望望月仙。

「上山。」我舉起紫籐手杖向山上一指。

「咦！」老闆咧嘴一笑，又仔細打量了我們一眼，慢吞吞地說：「先生，大雪封了山，這不是三伏天，沒有人肯上牯嶺。」

「麻煩你替我雇雇看？」我請求地說：「我出雙倍的價錢。」

「先生，不是我不肯雇，」老闆和藹地一笑：「實在是這種大雪天，沒有人能上好漢坡。」

我和月仙互相看了一眼，月仙兩條清秀的眉毛微微一鎖，我心裏也像壓了一塊大青石。但我並不因此灰心喪氣，停了一會兒，我向老闆堅決地說：

「老闆，我們一定要上山，只要有人肯去，不管多少錢我都願出。」

老闆低頭沉吟了一會兒，然後望了我們一眼：

「兩位真的要上山嗎？」

月仙點點頭。

「好，我替你們試試看，」老闆義氣地說：「腳伕或者雇得到，轎伕絕對沒有希望。」

「為什麼？」月仙不解地問。

老闆看了她兩眼，澹然一笑：

「您想想看？人不是鋪蓋，萬一轎伕腳底板一滑，您坐在上面豈不成了高山滾瓜？」

月仙臉色一青，驚悸地望著我，我輕輕地問她：

「不坐轎子行不行？」

她微微一笑，蜻蜓點水似地把頭一點。我心裏感到一陣安慰，立刻對老闆說：

「老闆，沒有轎子不要緊，有腳伕就行。」

「您們兩位能走？」老闆懷疑地望著我們，特別多看了月仙兩眼。

我和月仙同時點點頭，老闆滿臉的驚訝。

「好吧！兩位先進來坐坐，我替您們想想辦法。」老闆走了兩步，轉過身來向我們把手一招。

黃包車伕已經把箱子鋪蓋堆好在走廊上，我付了車伕雙倍的價錢，和月仙一道走進飯鋪。

飯鋪裏生了火盆，裏面比外面暖，老闆招待我們在火盆旁邊坐下，全屋子的人都驚奇地望著我們。

月仙把圍巾取下，大衣脫掉，她的身體顯得更加單薄窈窕。

我也取下皮帽、圍巾和手套。

老闆一面吩咐夥計去雇人，一面替我們倒了兩杯茶。當月仙伸手去接茶時，他望著她那纖纖的手指微微一呆，好像沒有見過似的。

「我真猜不透，別人是上山歇伕，兩位怎麼上山過冬？」老闆退後兩步，望著我們一笑。

「老闆，恕我不能奉告。」我笑著回答。

「不過山上冷得很，恐怕兩位受不住？」老闆又打量了我們一眼，最後把眼光停在月仙的臉上。

「我們還準備在山上久住哩。」月仙笑著說。

老闆笑著搖搖頭，彷彿以為月仙是在說笑話。

不久，飯鋪的夥計帶了兩個短裝的莊稼漢走了進來，他們都拿著扁擔繩子，穿著草鞋。

他們試了試皮箱鋪蓋的重量，向我開出十五塊大頭的價錢，這比夏天貴了三倍，但我也只好答應他們，不過補充了一句：

「你們要送到蘆林。」

「十五塊只送到牯嶺，到蘆林還要再加五塊。」瘦長的莊稼漢說。

月仙望望我，我沒有作聲，老闆乘機插嘴：

「外面這樣大的雪，如果兩位真要上山，這個價錢並不算貴。」

我望望外面，雪花真像鵝毛般地飄下來。我點點頭，表示同意。

腳伕看著我們兩人的棉鞋，好心地從腰上解下了新草鞋，遞給我們。月仙尷尬地一笑：

「我也要穿草鞋嗎？」

「上山路滑，最好套在棉鞋上。」腳伕說。

月仙拿著草鞋不知道怎樣穿？我接過來彎下腰替她繫好，然後再在自己的棉鞋上套上草鞋，月仙的腳比我小，草鞋套在棉鞋上，還不算太小，我的就很勉強了。

我給了老闆一塊錢，作為茶錢和介紹費，並再三向他道謝。老闆送給月仙一根手杖，月仙高興地接了過來。

我戴了護耳的皮帽、手套，圍好圍巾；月仙也穿好大衣，把圍巾從頭上直圍下來，護好兩耳，在頰下打個活結，她又是一身銀灰。

外面的雪瀟瀟灑灑，撲面飛來。我們緊挽著手跟在腳伕後面，腳伕的草鞋踩在雪裏印下很深的腳印，後跟掀起一團團雪花，我們照著腳伕的腳印踩下去，後面也掀起一團團雪花。

月仙是第一次上廬山，我卻來過兩次，不過那都是夏天。夏天的廬山一片蔥綠，一上山便有一股涼意。現在卻是一片白雪，一上山更寒氣襲人。夏天，這條路上行人如織，現在只有我們四個人，連一隻飛鳥，一隻野兔也看不見了。

「這裏已經很靜，山上一定更靜？」走了一段路程，月仙望望我說。

「山上是廣寒宮，也許只能聽見我們自己的心跳？」我說。

「這樣最好。」她笑著點點頭。

說話的熱氣，從我們口中出來，幾乎凝結在一塊。

腳伕走得很快，他們兩人頭上冒著熱氣，像剛揭開鍋蓋的湯罐，雪落在他們的頭上，也像掉進熱鍋裏，立刻化成水。

「兩位走快一點，等會兒上好漢坡更吃力。」走在後面的那個瘦長的腳伕回過頭來對我們說。

「走得動嗎？」我問月仙。

她笑著把拐杖用力一拄，加快腳步。

上月弓塹（好漢坡）前，腳伕把擔子歇下來，不多久我們便趕上了他們，也站在坡下休息。雪飄然而下，沒有一點聲息，到處是一片白，強烈的雪光，有點刺眼。

「兩位真好興致？」瘦長的腳伕向我們一笑：「我挑了這麼多年的腳，雪天上山這還是第一遭。」

「您們看，好漢坡多險？」粗壯的腳伕向好漢坡一指。

的確，路很窄，又覆蓋著一尺多深的雪，而且右邊是懸崖，一掉下去必定粉身碎骨。

月仙膽怯地望望我，我鼓勵她說：

「不要怕，他們能上去，我們也能上去。」

「您們要踏著我們的腳印兒走，」瘦長的腳伕說：「一步也不能滑，今天這座好漢坡呀，夠爬！」

「寧可慢慢地爬，不要冒失。」我說。

「我們的性命也是捏在手裏，還敢兒戲？」粗壯的腳伕向我說。

隨後兩人一聲吆喝，挑起擔子在肩上閃了幾閃，才一步一步地爬上好漢坡。

我和月仙跟在他們後面爬。

腳伕走得非常小心謹慎，草鞋踏在雪上發出嗞嗞的響聲，這證明雪的下面已經結冰。他們的腳一踩下去就有好幾寸深。

我循著他們的腳印兒踩下去，月仙又循著我的腳印兒踩下去，路窄，我們不敢併排走。

腳伕戰戰兢兢，我們也戰戰兢兢。

沒有飛鳥，沒有走獸，千山萬壑一片寂靜，白色的寂靜。

費了一個多小時，才爬上驚險的好漢坡，腳伕把擔子往雪上一放，舉起袖子擦擦額上的汗，大大地吁了一口氣。

月仙突然癱瘓地往我懷裏一倒，額上直冒冷汗。我緊緊抱住她，生怕她滾下懸崖。

過了一會兒，她望著我，嘴角綻出一絲微笑，眼角卻滾出兩顆眼淚。她悠悠地歎口氣說：

「我總算過了鬼門關！」

我用手擦擦她額上的冷汗，也輕輕地吁了一口氣。

她扶著我重新站直起來，望望白皚皚的山頭，興奮地說：

「這真是一個清靜的世界！」

我縱目四望，長江如帶，夏天縱橫千里的綠色平疇，現在是一片白雪，分不出房屋和田野。

腳伕又一聲吆喝，挑起擔子邁開大步急走。上了小天池口以後，山路比較寬闊平坦，可是雪愈下愈大，積雪愈來愈深，一腳踩下去要費蠻大的勁才能拔起來，腳伕想快也快不了。

我們吃力地在雪中跋涉，山頂上更冷，我的鼻子凍得火辣辣的痛，冷空氣鑽進鼻孔幾乎使我窒息。月仙雪白的臉和瘦削的鼻子也凍得通紅，額上卻累出點點汗珠。

牯嶺街家家關門閉戶，大雪封了門，皚皚的白雪，壓著鐵皮屋頂，夏天冠蓋雲集，熙來攘往的牯嶺，現在像死樣的寂靜。

「這就是聞名中外的牯嶺？」月仙望望遍地白雪的街道，門窗緊閉的房屋，訝然失聲地問。

我點點頭。

「怎麼沒有一個人？」

「我們來的不是時候。」

穿過寂靜的積雪的街道，向蘆林進發，雪愈下愈大，積雪也更深。洋人的別墅，多半是鐵將軍把門，屋簷上，樹枝上，掛著長長短短的冰溜，粗竹子作的水槽，結著一層堅冰，滴水不流。

雪深過膝，我們幾乎無法舉步，尤其是猴子嶺，是一個光溜溜的大斜坡，腳伕剛爬上一半，又滾瓜一樣骨咚骨咚地滾下來，一直滾到我們兩人的跟前。腳伕跌得無名火起，跳起來對著我們怨氣沖天地說：

「兩位怎麼不在三伏天上山享福？偏偏要在這數九寒天上山受苦？害得我們挑腳的也受洋罪！」

我和月仙被他們弄得啼笑皆非，無言地對看了一眼。我好言安慰了腳伕一番，他們才嘀嘀咕咕地把皮箱鋪蓋捆好，艱難地爬上嶺去。

腳伕站在嶺上休息了一下，望了我們一眼，又挑著擔子走下嶺去。

「現在該我們爬了。」我輕輕地對月仙說。

她望著我苦笑，兩眉微微一皺，把手杖往雪裏一拄，倚靠著我小心謹慎地往上爬。

雪深，坡度大，底下是光溜溜的冰地，沒有石級，很難站穩，我的兩腳不時向後滑，爬出一頭汗，剛剛爬上一半，月仙突然腳步一滑，尖叫一聲，我們兩人同時滑倒，滾了下去。

我們不敢再循著原路往上爬，只好沿著路邊的小溝魚貫而上，溝底高低不平，不像路面那麼滑，我們終於雙雙地爬上了猴子嶺。

腳伕在嶺下等我們。

上嶺難爬，下嶺也不容易，腳步一滑，準會跌個兩腳朝天。

「我們滾下去還是滑下去？」我笑著問月仙。

她雙腳並攏，向我一笑，輕輕地說：

「滑吧！」

於是，我也雙腳一併，我們手挽著手滑了下去。

山谷裏沒有一絲風，雪直落下來，輕輕地落下來。

「心園」建築在半山上，本來是紅瓦青石的別墅，在雜花生樹的春天或綠葉成蔭的夏天，非常幽美，現在卻和樹木一樣，被大雪掩蓋了。

我和月仙走過小木橋，循著山徑先上，腳伕跟在我們後面，走到「心園」門口時，我掏出「火車頭」一看，已經五點十五分了。

第二章　老王忠心看別墅　白俄落難守空廬

我叩叩黑漆大門的鐵環，半天沒有人應，我以為老王出去了，但一想，這樣的大雪，老王有什麼地方好去？他是上了年紀的老誠人，不是花腳貓兒，不會東跑西跑的。本來人仰給了我一把開大門的鑰匙，但我把它放在皮箱裏面，我不想費那麼大的勁，去開箱子。我又用力叩了兩下鐵環，喊了兩聲。我的聲音在山谷中震盪，空山寂寂，聽來格外清亮。

房子裏面突然響起匆匆的腳步聲，月仙聽了微微一笑，不久，大門呀的一聲拉開，老王一看是我，高興地說：

「嘿！何先生，我以為你隔在蓮花洞，上不來了。」

他一面扣衣服一面望望月仙。衣服扣好以後，再向月仙深深地一鞠躬。月仙向他點頭微笑，我對他說：

「老王，以後不必這樣客氣了。」

「何先生，請恕我失禮。」老王抱歉地一笑：「我以為這樣的大雪，你們上不來，不然我應該到牯嶺去接。」

「老王，你睡覺了？」我看他有點睡眼惺忪，笑著問。

「山上無事，天氣又冷，只好睡覺。」老王的臉微微一紅。

「你接到了徐先生的信？」我問。

「下雪以前接到東家的信了，」他點點頭：「所以我天天盼望您們上山。」

腳伕把東西挑了上來，老王指揮他們放進書房，我和月仙一道走了進去，書房臥房收拾得乾乾淨淨，月仙看了非常滿意，向老王連說兩聲謝謝。

老王心裏一樂，便和她自盤古立帝邦地聊了起來：

「我知道何先生的趣味，他就是愛山，愛水，愛靜，這個書房臥房又是他最喜歡的，所以我一接到東家的信，就打掃收拾起來，希望您也喜歡？」

「老王，我很喜歡。」月仙十分高興地一笑：「就是偏勞你了。」

「那裏，那裏。」老王愉快地說：「能夠服侍你們兩位，真是我老王的造化。」

「老王，你不要太客氣，不然我們受不了。」我向老王說。

老王卻把我們的鋪蓋一提，一面替我們鋪床，一面回答：

「何先生，您和東家是知己，我也把您當作東家服侍，這是理所當然的，我倒希望您們兩位不要太客氣。」

月仙和老王是第一次見面，不能不客氣一點，同時她對任何人都是客客氣氣；我和老王很熟，用不著太客氣，我便笑著點點頭。

腳伕已經收拾好扁擔繩索，說要下山，我留他們住一夜再走，那個瘦長的腳伕向我一鞠躬：

「多謝你先生的好意，住一夜我們就下不了山哪！」

我向窗外望了一眼，雪似乎越下越大，這樣下一夜，地上的積雪又得加深一尺，那他們真的無法下山了。

「現在能下去嗎？」月仙看看外面，耽心地說。

「現在成，」那個粗壯的腳伕說：「下山比上山快，何況我們是空手，一兩個鐘頭就可以到家。」

我想留他們吃了飯再走，他們不敢多耽擱，只好付錢讓他們走。

他們冒著大雪，蹦蹦跳跳地跑下山徑，跑得很快，照他們這樣走法，很快地就可以下山。

老王也很快地替我們把床鋪鋪好，又忙著弄飯，生火盆。

我和月仙在房裏收拾零碎的東西。她把箱子裏的書都拿了出來，排列在大書桌上。

腳伕走後，整棟房子只有我和月仙、老王三個人。房子外面空山寂寂，鴉雀無聲，房子裏面也很寂靜。

時間已經到了掌燈時分，可是我們這兩間房子有兩排長窗，窗外強烈的雪光，照在房裏如同白晝一般明亮。

月仙站在窗前，凝視著彎著腰的竹子，低著頭的小樹，和高撐著銀傘的松杉。她顯得非常愉快，凍得通紅的臉也漸漸恢復正常。

「廬山的雪景真好！」她突然回過頭來向我一笑：「你說得不錯，這兒真像廣寒宮。」

「只是太冷，太寂寞。」我走近窗前，望著那飄飄蕩蕩的雪花。

「和你一起，我不會冷，也不會寂寞。」她靠緊我。

「現在是零下十五度，」我笑指壁上的寒暑表。「除了老王以外，只有冰雪。」

「上山以前我就知道。」她伸手把我的圍巾重新圍好。

老王生好了火盆，端了進來，我連忙伸手去接，習慣地說：

「謝謝你，老王。」

月仙也跟著說了一聲「謝謝」。

老王皺眉一笑，請求地說：

「請兩位不要再這樣說，我老王實在消受不了。」

月仙望望我，示意我說：

「好，以後我們就免了罷。」

「這才好，」老王高興地向月仙躬躬身子：「免得老王活受罪。」

「老王，要不要我幫忙弄飯？」月仙問他。

「嘿！您那雙手是寫字的，繡花的，那是弄飯的？」

「這次上山我就準備自己弄飯。」月仙笑著回答。

「嘿！老天生了您這雙手，就不是教您弄飯的。」老王指指月仙的手，同時伸出自己一雙粗糙的手說：「我老王才是這塊料，有我老王在，您就用不著動手了。」

月仙感激地一笑，回頭望了我一眼，我對老王說：

「老王，我代月仙謝謝你。」

「嘿！何先生，」老王向我皺皺眉：「您又來這一套？」

我不禁失笑，隨口問他一句：

「飯好了沒有？」

「快了，快了！」老王直點頭，一旋身就跑了出去。

「老王很有意思。」老王走後，月仙微笑地挽著我走向火盆。

「老王很有人情味。」我笑著回答。

月仙看了我一眼，把我往火盆旁邊的椅子上一按，在我耳邊輕輕地說：

「烤烤火，少說廢話。」

我一坐下皮襖就拖在火盆裏面，她連忙伸手一撩，抓住皮襖的下襬，笑著交給我：

「小心一點兒。」

我握握她的手，小心地把皮襖的下襬疊在膝蓋上，不讓它再落下去。

熊熊的炭火立刻使我感到一陣溫暖，室內的溫度也普遍升高。「心園」和其他的別墅一樣，都是用巨石砌成的，熱量不容易散失，火盆不但使我們一身溫暖，整個房間也溫暖如春。我取下皮帽、圍巾，月仙也把大衣脫掉。

山谷裏沒有一絲風，雪，糾結著成球地緩慢地直落下來，我們的腳印已經被新雪掩蓋。

「好大的雪！」月仙望望外面說：「真是千山鳥飛絕，萬徑人蹤滅。」

「除了『心園』以外，那些房子裏面都是空空的。」我指著那些白雪壓蓋著的別墅。夏天，那些別墅裏面，住著碧眼黃髮的白人，和我們的紳士淑女，院子裏常常有綠衫紅裙晃動，美妙的琴聲伴著潺潺的流泉從濃綠的樹林中流瀉出來。現在是滿山白雪，房子裏面也看不見一個人影了。

「假如我們不上山來，老王一個人也怪寂寞的。」月仙說。

「可不是？」老王突然出現門口：「我只能聽聽我自己的腳步聲。」

「老王，這山上除了你以外，還有沒有別人？」月仙笑著問。

「嘿！」老王笑著走了進來：「除了我老王以外，還有兩個洋鬼子。」

「洋人？」我有點奇怪：「這種冷天還有洋人？」

老王點點頭。

「是英國人還是美國人？」我問。

「誰知道他們是那一國人？」老王率真地回答：「都是一樣的黃頭髮，綠眼睛。」

「你不和他們打交道？」月仙笑問。

「我從來不和洋鬼子打交道。」老王自尊地搖搖頭。

「他們住在那裏？」我問。

「就在那邊山上。」老王用手一指。

我隨著老王手指的方向望去，對面山腰的樹林中有一棟洋房，幾乎被雪掩埋，那麼大的一棟洋房，看不見一個人，如果老王不說裏面有兩個洋人，我一定以為那是個空屋，正像猴子嶺下那些空屋一樣。

「他們不出來？」月仙問。

「很少出來，」老王搖搖頭：「下雪以後，連鬼影子也沒有見過。」

這真是兩個奇怪的洋人！別的洋人上山享福，他們怎麼留在山上受苦？

「他們是怎麼樣的人？」我好奇地問。

「一老一少，一男一女。」老王說。

「他們是夫妻還是父女？」月仙問。

「天知道他們洋鬼子的事？」老王鄙夷地回答。我看老王對洋人沒有好感，便不再和他談洋人的事，這時我肚子忽然咕咕兩聲，老王把後腦殼一拍：

「該死！我本來是請你們兩位吃飯，一談洋鬼子就忘了正事。」

一聽說吃飯我連忙站了起來，因為我已經很餓。月仙也站了起來，笑著用手按按肚子，我知道她也很餓，我們將近十個鐘頭沒有吃一點東西，而且走了這麼遠的山路，又是在這種雪天。看來弱不禁風的月仙，卻有這麼堅強的耐力，真使我暗暗驚喜。

小飯廳裏點了一盞美孚油燈，淡黃色的光照在粉白的牆壁上，倒也滿室通明。

飯廳裏沒有生火盆，我們一跨出書房的門，月仙就打了一個冷噤，我怕她受涼，連忙轉身替她拿起大衣披上，她向我一笑，輕輕地說了一聲「謝謝」。

老王已經把菜擺在桌上，菜很簡單，花生米、豆腐乳，和一個青菜蘿蔔小火鍋，老王抱歉地向我們說：

「真對不起，這是我自己吃的粗菜淡飯，我不知道兩位會上山過冬?不然我怎樣也得準備一點臘魚臘肉。」

「這樣很好，」我笑著回答：「我們不是上山享福。」

老王又抱歉地望望月仙，月仙笑著說：

「老王，你不要介意，我們上山不是為了吃魚吃肉，只想過過清靜的日子。」

「這倒好辦！」老王哈哈地笑了起來：「山上什麼都貴，就是青山，綠水，清風，明月，不用錢買，我老王絕不打擾您們兩位，讓您們過過神仙日子。說句不客氣的話，我們東家很會賺錢，就是不會享清福，這棟別墅我老王一個人住，簡直是烏龜吃大麥，不配！嘿！只有您們兩位——」

老王說到這裏忽然一頓，望望我們，我堵住他說：

「老王，你可別往我們臉上貼金。」

月仙望望我掩嘴一笑，老王卻把頭搖了一個圓圈，然後一頓，翹起大拇指：

「不，這種神仙世界，只有您們兩位才配！何先生，您第一次上山來，我老王就有這種想法，那時您一個人，好像不大快樂，我不敢講。嘿！現在得了！」

月仙被他說得噗哧一聲，我也好笑，老王卻向我們兩人拱拱手：

「對不起，我老王是個粗人，不會講話。」

「不，老王，我們實在很喜歡你。」我安慰他，月仙也向他點點頭。

老王很高興，連忙替我們盛飯，我一看就知道是上好的晚米，飯粒很長，帶著一種古玉的顏色。

「老王，一下增加了我們兩個人，恐怕米不夠吃？」我猜想老王只準備了他一個人過冬的糧食。

「您們放心，油鹽柴米我都準備到明年三月，說不定這檔子有一兩個好天，觀音橋那邊有人挑米挑炭上來。再不成我自己下山一趟，您們放心好了。」

「老王，這真要謝謝你了。」月仙感動地說。

「唉！怎麼您又客氣了。」老王笑著搖搖頭。

月仙也莞爾一笑。

飯後老王又替我們預備了熱水洗臉，使我們感到一身舒暢。

一走回書房，就有一股暖意，月仙又脫掉大衣，拿起火箸添了兩塊新炭。新炭一加上去就剝剎地響，月仙用火箸撥了舊炭一下，舊炭發出熾烈的紅光，映在她瘦而俊俏的臉上，彷彿敷了一層淡淡的胭脂。她從來不擦胭脂，平時我只看到一張白而素淨的臉，火光突然給她增添了幾分豔麗。

「你怎麼這樣看我？」她抬起頭來發現我在看她，不禁嫣然一笑。

「我在欣賞一張畫，」我笑著回答：「可惜我不是畫家。」

「你應該欣賞山上的雪，」她故意把嘴向窗外一呶：「你看，雪景多好？一片純潔。」

我也隨著她望望窗外，山上一片銀色的世界，看不見其他的顏色，雪正像棉花條兒般地飄落下來。

第三章 寂寂空山無飛鳥
彎彎雪竹想春天

強烈的雪光幾乎使我睜不開眼睛。當我醒來，向窗外一望時，我的眼睛一花，只見一片茫然的白，眼球很不舒服，我連忙合攏眼皮休息一下，再慢慢睜開，先看看室內的牆壁，然後轉向窗外。

外面的雪是更深了，一夜之間，最少增加了一尺，低窪的地方可能增加了兩尺，到處是一片雪海，無波無浪，平滑如紙的雪海。

對面山腰上那家洋人的別墅，大雪封了門，窗子上也積了幾寸深的雪，裏面沒有任何動靜，我真不相信裏面有人。

火盆的炭火已經熄滅，更感覺到寒氣襲人。在這種雪天，日夜幾乎很難區分。我從枕頭底下摸出老火車頭一看，八點十二分，這應該是早晨，因為我們昨夜是十一點睡的。

我悄悄地抽身起來，生怕驚醒了月仙，她從來沒有走過這麼遠的路，爬過這麼高的山，我想讓她多睡一下。

可是她警覺性很高，我剛一抽身，她就睜開眼睛望望我，笑著問：

「什麼時候了？」

「八點多了。」我說。

「我也起來。」她揉揉眼睛。

「天氣很冷，火盆裏沒有火，妳多休息一下，我先去生火。」我連忙穿衣，把被角一按。穿好衣後，我端著火盆到廚房去，老王迎著我把火盆接了過去，從爐子裏夾出幾塊紅炭，再加上幾塊新炭。

「老王，你起得很早？」

「天一亮我就起來了。」老王說。

「大雪天，何必起得這麼早？」

「何先生，這是習慣，改不了。你們睡得好嗎？」

「謝謝你，睡得很好。」

「我怕你們初上山受不了，不過慢慢就會習慣的。」

「我已經習慣了。」我端起火盆說。

我剛走到書房門口，老王又對我說：

「哦，何先生，粥已經煮好了。」

我向他點點頭，表示謝意。

我把火盆端進臥室時，月仙已經起來，穿好衣服，她笑著對我說：

「擺在書房裏好不好？」

我點點頭。她便伸手來接火盆，我不讓她端，她向我一笑，輕輕地說：

「我們兩人抬好了。」

我只好由她。

我們一道到廚房洗臉，手巾卻冰得像塊鐵布，牙刷也結了冰，放在熱水裏一燙，才軟化下來。

「廬山真冷！」她在我耳邊輕輕地說了一聲。

「真是滴水成冰。」老王笑著接腔。

「你怕不怕冷？」月仙笑著問他。

「我在山上住慣了，不覺得。」老王說：「您住上十天八天也就好了。」

「老王，你不要會錯了意，我不是怕冷。」

「難得！難得！」老王拍拍手：「我說囉，怕冷的人怎麼會上山來？」

月仙望著我一笑，我轉身對老王說：

「老王，經你這一抬舉，我們也變成不怕冷的人了！」

老王打了一個哈哈，我轉身漱口，牙刷卻又冰住了。月仙連忙把它放進熱水裏一泡，又連忙交給我，輕輕地說：

「快漱口，等會兒又冰住了。」

我接過牙刷連忙漱口，搶著洗臉。月仙的動作也很快，我們同時完成了這兩件工作。

老王從爐子上把稀飯端到桌上來，鍋蓋一揭開，就冒出一股熱氣，越是冷天，熱氣冒得更大更快。

吃完稀飯，全身都暖和起來。

回到臥室，月仙先著手整理床鋪，她把被子疊成一朵菊花形狀，放在床鋪中間，和床單的花紋十分調和，看來賞心悅目，但我不知道她是怎麼疊成的？

「妳何必在這上面費這麼多心思？」我說。

「簡單的很，」她回眸一笑：「運用之妙，存乎一心。」

她的確很有藝術天才，她能摺出許多形式的紙花，她沒有學過國畫，而梅竹卻畫得十分傳神，想不到她竟把這份才情運用到日常瑣事上了。

「為了欣賞妳的傑作，今天晚上我不想睡覺了。」我雙手扶著她的肩頭，打趣地說。

「這麼冷的天，那你不會凍成個大冰棒？」她輕輕地一笑。

的確，這種雪天，一夜不睡，那真受不了，如果是在外面，那定會凍成一個大冰棒的。

牆上的溫度計已經降到零下十七度了。

月仙輕輕地移下我的手，走到窗前五斗桌子旁邊，對鏡梳理頭髮，她的頭髮沒有燙，只把髮腳向裏微捲，周圍形成一道素雅的圓邊。

我走到書房烤火，我還不想做事，甚至連一封信也不想寫。本來我應該寫一封信告訴入仰夫婦，報告我們已經平安抵達「心園」，但是天氣太冷，手指一伸出來就冷得發痛，同時這種天氣就是寫了信也不能發，猴子嶺那邊雖然有個郵筒，但雪太深，我不想麻煩老王，即使送去，山下也不會有郵差上來，寫了也是等於白寫。其他的人都不知道我上山來，我也不想告訴他們，我要安安靜靜地隱居起來。

月仙整理好頭髮從臥室走了出來，在我對面坐下，伸出雙手烤火，她細長的指尖，已經凍得通紅，在火上互相揉搓。

「我們上山了，你要不要寫封信告訴徐先生？」她提醒我說。

「寫了信誰送下山去？」我笑著反問她。

她看看外面耀眼的白雪，哦了一聲：

「真的大雪封山了！」

「可不是？現在我們與世隔絕了。」

「這樣不正好嗎？」她望著我一笑。「烤火、談天、看書……這不很有意思？」

「雪化以後，妳還可以臨窗畫梅畫竹。」我說。院子裏有一株梅樹，山上有無數修竹，現在都被大雪掩蓋了。

她望望山上那些被大雪壓得抬不起頭的竹子，和院子裏那株孤立的梅樹，高興地說：

「真的，你不提起我還不知道那是棵梅樹？」

「人仰說這是一株臘梅，我想年前定會開花。」我指指那棵梅樹說。

「可惜徐先生不在山上，他沒有這種眼福。」

「他上山時只能看牡丹芍藥，連菊花都看不到。」院子裏的牡丹芍藥，人仰看過，我也看過，菊花開時我們已經下山了。

「那老王的眼福比徐先生還好。」

「我們的眼福也算不壞。」

「在上海簡直連根青草都看不到。」

她生在上海那個積木似的大都市，卻嚮往自然，當她第一次同我到龍華看到大自然的景色時，簡直欣喜欲狂。

「這裏只要雪一融化，就是處處青山，可以入詩，也可以入畫。」

「那我們老死廬山好了。」她握著我的手愉快地一笑。

我倒真有老死廬山的想法，但我還沒有對她講，因為廬山最難過的是冬天，我想等過了冬天再提，一過冬天任何人都不想走了。

「能熬得過一個冬天，我們就可以老死廬山了。」我摸摸她白淨的手背，那上面沒有任何裂口，廬山的冬天，對她實在是一個殘酷的考驗。

「你怕我熬不過去是嗎？」

「我覺得冬天對妳是很大的折磨。」

她大概看到我的臉色有點沉重，馬上搖搖我的手，滿臉的笑，輕輕地說：

「不要這樣想，我現在不是很好嗎？」

說著隨即站了起來，走到書桌邊拿了兩本書，遞了一本《浮生六記》給我，笑著說：

「不要耽心我，這種生活才是人生最高的享受，最大的幸福。」

我握著她的手，半天沒有講話。

《浮生六記》我看了很多遍，在許多中外名著中，除了《紅樓夢》之外，我特別偏愛這本小書，月仙深深瞭解我，所以她特地抽出這本書給我。她自己選了一本詞選，她很愛李易安她們那一代人的詞。

「大雪天，深山寂寂，圍爐烤火，細讀詩詞，這比金聖歎說的醬乾和花生米同吃，不更有味？」她輕輕地翻開書面，向我嫣然一笑。

我也不禁莞爾。

她隨手翻到蘇軾的〈卜算子〉，匆匆一眼看過去，馬上指給我看，同時輕輕地唸了出來：

水是眼波橫，山是眉峰聚。欲問行人去那邊，眉眼盈盈處。

才是送春歸，又送君歸去。若到江南趕上春，千萬和春住。

唸完以後她又笑著碰碰我的手，輕輕地說：

「誰說東坡居士只會『大江東去』？這份柔情一般人那裏會有？」

「古往今來又有幾個蘇東坡？」我說。

「天下名山雖多，又有幾個廬山？對嗎？」她俏皮地問我。

這時老王提著炭籃子走了進來，打斷了我們的談話，他笑著問我們：

「要不要加點炭？」

「不必了，老王，你也來烤烤火。」我說。

「我有一個腳爐，不冷。」老王笑著回答。

月仙把椅子讓給他，和我坐在一塊，笑著對他說：

「老王，你坐。」

老王看我們手上拿了書，遲疑地說：

「不，我會打擾您們看書。」

「不要緊，」月仙搖搖頭：「我們又不是趕考，只是消遣消遣。」

老王這才坐下，望望我們，又望望外面。月仙指著那棵梅樹問他：

「老王，那棵梅樹什麼時候開花？」

「過小年前後。」老王說。

「花是什麼顏色？」月仙又問。

「白色，很香。」老王回答。「只要它一開花，滿屋子都是清香。」

月仙聽了欣然色喜，老王又接著說：

「它的香味很正，不是那種邪香。不然我早就幾斧頭砍了。」

月仙聽了一笑。

「老王，一到春天我們該有竹筍吃了？」我指指竹林說。

「嘿！我們怎麼吃得了？光是在院子裏爆出來的，就夠我們吃了。」

「怎麼？筍子還會在院子裏爆出來？」月仙驚奇地問。

「嗯，」老王把手一指：「籬笆邊沿多的是，您將來可以看到。」

「老王，那你住在這裏眞有意思。」月仙笑著說。

「我是個俗人，不像您們兩位，我就是住在神仙府裏也成不了神仙。」

「老王，你太自謙了。」

「不是自謙，我就是這麼一塊料。」

他看著炭火已經不旺，隨即伸手在籃子裏抓了兩塊新炭加在火盆裏面，又去廚房裏拿了一個舊的漱口缸來，漱口缸裏面放了兩塊冰，他把漱口缸往炭火旁邊一塞，自言自語地說：

「炭火旁邊擺點水好些，不然火氣太重。」

他這一說我們才明白過來，月仙立刻向他說了聲謝謝。

「有一樣東西不知道兩位歡不歡喜吃？」過了一會兒老王忽然想起什麼似的說。

「什麼好東西？」月仙問。

「不是什麼好東西，」老王搖搖頭：「是鄉下人吃的紅薯，恐怕您不歡喜？」

月仙望望我，我問老王：

「你有？」

「只剩幾個，」老王笑著說：「是鄉下人送的，風了這麼久倒很好吃。」

「那你留著自己吃好了。」月仙聽說好吃，便不想要。

「我削一個給兩位嚐嚐看。」老王迅速地站了起來，走向廚房。

過了一會兒，他用盤子端了一片片削了皮的紅薯進來，初看一點也不起眼，好像沒有什麼水分，一吃到口裏又冰又甜，月仙望望我，顯得很驚奇的樣子。

「老王，你這是怎麼弄的？」我笑著問老王。

「何先生，簡單的很，」老王澹然地說：「吊在陰風頭上吹個把月就行。」

「想不到廬山的風還有這種妙用？」月仙笑著說。

「山風，冬天陰得很，夏天也真涼。」老王說。

「老王，你自己吃嘛。」月仙把盤子遞給他。

「我不吃，」老王笑著站起來：「我再去替您削一個好不好？」

「不必，不必，」月仙笑著搖搖手：「這樣好的東西應該留著慢慢嚐。」

「嘿嘿！這真稀奇？想不到您把紅薯當龍肉？」

「老王，說真的，以前我真沒有吃過。」

「如果明年冬天您還在山上住，我們可以先買兩擔留到雪天慢慢吃。」

「老王，就這麼辦。」月仙點頭微笑：「我準備同何先生在山上住一輩子。」

「好！」老王頭一點，右手在大腿上一拍：「我老王閒著也是閒著，索性服侍你們一輩子。」

第四章　俄女孝心求靈藥
月仙好意贈仙丹

天空灰沉沉的，彷彿滿天都是雪，一輩子也下不完，山下有幾根竹子已經不勝負擔，攔腰折斷了。

屋簷的冰溜拖了一尺多長，亮晶晶地吊著。我伏在桌上工作，月仙站在我身邊抱著熱水袋，凝視著屋簷下的冰溜。

我左手戴著手套，寒氣不能侵入，右手露在外面揑著老派克像揑著一根小冰柱，五根指頭凍得通紅，漸漸不能活動，我放在嘴裏呵呵，月仙卻捉住我的手按在熱水袋上面。

「天氣太冷，不要寫了。」她搖搖我的手輕輕地說：「你看，字都寫到格子外面來了！」

我的字本來就寫得很壞，天氣冷，手指僵硬，更寫得歪歪倒倒，甚至跳出了格子，成了霸王字。我看看不對，索性把紅葉山莊的稿紙一推。

月仙馬上把鋼筆套上，把稿紙疊好，小心地放在一列書上，向我一笑：

「寒冬臘月，多看點書好了，等到春暖花開再寫。」

「這樣一天打漁，兩天曬網，我一輩子也寫不出一本東西來。」我自嘲地說。

「精工出細貨，慢慢來。」她悠悠地說：「我們又不等著買米下鍋，何必隨手揑個醜八怪？」

「再精，我也揑不出一把宜興茶壺來。」我望著她說。

「不要急，」她笑著說：「慢慢地揑，自然揑得出來。如此名山勝水，應該有神來之筆。」

「如果我辜負了名山勝水，那怎麼辦？」

「罰你來世不得再上廬山。」她望了我兩眼，翹起右手纖纖的食指說。

假如真有來世的話，我覺得她罰得不輕，人生最難得的是與名山勝水同在，可以俗慮全消，廬山就是這麼一個理想的地方。

我正想回答月仙，忽然聽見老王在大門口和什麼人頂起嘴來，我和月仙都覺得非常奇怪，空山寂寂，這樣的雪天那有人來？我再仔細一聽，發覺和老王說話的是一個女人的聲音，月仙也聽出來了，不禁說了一聲：

「怪！」

我們再仔細聽了一陣，不錯，分明是個女人的聲音，而且是個少女的聲音。月仙把我一拉，輕輕地說：

「我們過去看看。」

我們一道趕到門口時，發現一個金黃的頭髮，穿著褐色的麻布袋般的粗呢舊大衣，腳上套著一雙長統舊黃皮靴的白種女人，正垂頭喪氣地冒雪離去。我連忙問老王是怎麼回事兒？老王澹然地說：

「小洋婆子，不要理她。」

她聽見我和老王說話，突然回轉頭來，用那對憂悒的綠眼珠子望著我們，她的皮膚很白，但沒有月仙的細膩，臉比月仙的豐滿，鼻子也比月仙的高，年紀卻比月仙小，看來不過二十來歲。在白種女人當中，她應該算是漂亮的。

「請問有什麼事嗎？」我因為聽見她剛才和老王講中國話，也用中國話問她。

「我想向你們討點退燒的藥，我父親發燒。」

「好，我有，妳請進來。」月仙向她招招手。

她雙腳輕輕一跳，高興地望著我們，剛才的憂悒完全掃光了。

她邁開步子向我們走來，皮靴踩在雪裏陷下去有七八寸深。

老王厭惡地看了她一眼，又看看我們，我向老王遞了一個眼色，老王才悄悄地走開。

她走進來後在地板上頓頓雪，頓得地板咚咚響，月仙看著那雙男人的皮靴，不禁好笑。她看見月仙笑，知道是笑她的腳，她也向月仙一笑：

「這是我父親的靴子，我的腳要小一點。」

她比月仙高半個頭，幾乎和我一般高，當她隨著我們走進書房時，那雙皮靴踩得地板吱吱叫。

月仙招呼她在火盆旁邊坐下，再進房去拿藥，我們上山以前，買了一些藥品，以備不時之需。

月仙用紙包了十顆消炎片給她，她非常感激地說：

「真謝謝妳！這麼深的雪，我實在沒有法子去牯嶺。這一帶又沒有別家有人，所以我才來麻煩你們。」

「我們才上山不久，妳怎麼知道？」月仙說。

「昨天下午我偶然從窗口望見你們。」她說。

「妳是不是住在對面那個房子裏面？」我指指半山腰裏那棟房子說。

她點點頭，月仙接著說：

「我們還以為那房子沒有人呢？」

「我父親生病，我很少到前面來。」

「妳是英國人還是美國人？」我笑著問她。

「我不是英國人，也不是美國人，」她笑著回答：「我是俄國人。」

我和月仙聽說她是俄國人，都驚訝地望著她。我知道廬山最多的是英國人和美國人，法國人都很少，俄國人簡直沒有，真沒想到她會是俄國人？

她看我們驚訝地望著她，帶著幾分自卑，望望自己腳上的皮靴說：

「英美人不會像我這個樣子，我是一個沒有祖國的白俄。」

我和月仙都為之一愣，月仙望望她又望望我，我指指那個房子問她：

「那房子是妳們的嗎？」

「不，」她搖搖頭：「那是詹姆士的，我們什麼都沒有。」

「詹姆士是那一國人？」月仙問。

「美國人。」

「他的房子借給你們住？」

「不是，」她又搖搖頭：「我們替他看房子。」

「妳叫什麼名字？」我問她。

「索非亞．馬林斯基。」她笑著回答，接著又補充說：「我還有一個中國名字：馬蘭。牛馬的馬，蘭花的蘭。」

「妳的中國名字很好。」月仙笑著讚美。

「我知道您們中國人歡喜蘭花，」她得意地說：「我又是烏克蘭人，所以我取了這個名字。」

但是她這個名字卻使我想起一種春天的野菜，和地菜同時生長的「馬蘭」。這種野菜沒有人注意，而味道確實不壞，青澀之中另有一股香味。可是它的遭遇卻遠不如地菜，通常是和雜草一般被牛吃掉。

「妳的中國話講得很好，是在什麼地方學的？」月仙問她。

「我是在東三省長大的。」她眉一揚：「我雖然是烏克蘭人，可是我很小就離開了俄國。」

「那妳算是中國人了？」

「但是您們中國人又不要我，」她委屈地皺皺眉，指指外面，輕輕地說：「剛才他就不准我進來。」

我們不知道老王為什麼討厭洋人？我們也沒有辦法向她解釋。過了一會兒月仙又問她：

「妳和妳父親住在一塊？」

她點點頭。

「妳母親呢？」

「早就死在西伯利亞了。」

月仙同情地輕輕歎口氣。

「妳父親多大年紀？」我問。

「六十多了。」她望望腳上的皮靴。這雙皮靴也夠老了，皮面滿是皺紋，沒有一點光澤。

她突然頭一抬，站了起來，用那對綠得發亮的眼珠望著我們說。

「謝謝您們，我要回去餵給我父親吃，他燒得很厲害。」

我們不再留她，把她送到門口，月仙好心地對她說：

「惟願藥到病除，如果燒沒有退清，妳再來拿好了。」

她說了聲謝謝，點點頭轉身就走，走了幾步又回頭向我們說：

「以後請您們叫我馬蘭好了。」

我們也點點頭，她愉快地一笑，掉頭就跑，跑得很快，我們生怕她滑倒，她卻安安穩穩地跑下了山坡，跑過小木橋，一直向對面山上跑。

雪，落在她的金黃的頭髮上，落在她的麻袋似的褐色的舊大衣上。

她們口本來積雪很深，我這才發現她已經把封門的積雪剷掉。她跑到門口時，又回過身來向我們遙遙揮手。

「她的身體真好。」月仙感歎地說。

「小洋婆子！野貓！那裏像個女人？」老王站在我們身後輕蔑地說。月仙回頭望望老王，我不知道他是什麼時候走到我們身後來的。

「老王，她是個白俄，值得我們同情。」我對老王說。

「我管她什麼白鵝、灰鵝，我就是討厭洋人！」老王固執地回答。

月仙噗哧一笑，老王卻望著她說：

「請您不要見笑，我老王說的是實話，洋婆子簡直沒有一點教化，怎麼能和您比？」

我和月仙都知道這種觀念問題不是三言兩語可以解決，不必替馬蘭辯護。我只問他：

「老王，剛才她來要藥，你怎麼不讓她進來？」

「一來我不知道您們有藥；二來我不願意她去打擾您們。你們愛靜，讓一個野洋婆子闖出闖進那怎麼行？」

「老王，謝謝你的好心。」月仙說。

老王聽了很高興，又接著說：

「本來嘛，您們數九寒天趕上廬山，不是圖個清靜，難道還是為了和洋鬼子打交道不成？」

我望望老王，我心裏也很感激他這番心意。

老王拿起掃帚把馬蘭頓在地板上的雪掃了出去，一面掃一面喃喃地說：

「討厭的小洋婆子！男不男，女不女，留下一屋子的騷氣！」

月仙望著我一笑，隨即挽著我走進書房，輕輕地對我說：

「老王很有趣。」

「也許他當過義和團？」我笑著回答。以老王的年齡來看，他是夠資格當義和團的。

我們站在窗前望望對面山上，馬蘭已經緊閉門戶，雪又飄到她的門口。她也許正在房裏給她父親吃藥？山上沒有醫生，但願他不是什麼重病，不然那問題就大了。

老王又提著掃帚走進書房，問我們房裏有沒有雪？我們仔細望了一眼，沒有發現，甚至馬蘭坐的地方也沒有留下什麼。

「要不要灑點花露水？」老王問我們。

「不要。」月仙笑著搖搖頭。她不愛用化粧品，甚至花露水也不常用。

「洋鬼子都有羊騷，我怕您們受不了。」老王一面說一面用鼻子嗅嗅。

「馬蘭身上好像沒有?」月仙說。

老王怔了一下，過後就明白馬蘭是誰，用力搖搖頭說：

「沒有一個洋鬼子身上不騷，這是冬天，不大容易聞到；一到夏天，嘿！再漂亮的洋婆子也有一股騷味。」

月仙聽了好笑，委婉地對他說：

「老王，你可把洋人貶慘了。」

「我不是存心貶洋鬼子，我們中國人就沒有羊騷。」老王笑著回答。「不但你們兩位沒有，連我老王也沒有。」

月仙和我相視一笑，老王又接著說：

「我老王不是瞎說，一到夏天您們就可以聞到羊騷了。」

說完他就提著蘆葦掃帚走了出去，書房裏又恢復了寧靜。我和月仙圍著火盆烤火看書，我細細地咀嚼《浮生六記》，她慢慢地翻閱《芥子園畫譜》。

我們上山以前雖然訂了兩份報紙，可是就一直沒有寄來，這也難怪，這種雪天那有郵差？不看報也有好處，可以過著一種忘世的生活，我們的思想情感完全沉浸在書裏、畫裏、雪裏，和我們共同建造的心靈的殿堂裏。

第五章 圍爐聽戲消寒夜 踏雪深山訪慧真

晚飯後，老王問我們要不要聽留聲機？他說人仰今年夏天買了一架新留聲機上山，沒有帶下去，他怕搞壞了一直沒有打開，如果我們想聽，他可以拿出來。我問他有些什麼唱片？他馬上背出一大堆京戲的名字。

「請你拿出來讓我們聽聽。」月仙說。

「您也喜歡京戲？」老王望了月仙一眼，眼角一瞇。

月仙點點頭。老王連忙跑去打開人仰夫婦住的那個房間，從櫥櫃裏搬出留聲機和唱片盒子，搬進我們的書房，放在火盆旁邊的椅子上。

月仙挑了幾張青衣唱片出來，拿給我看，都是我喜歡的，我滿意地一笑，她也輕輕地一笑。

「我就知道你喜歡這個調調兒。」

其實，何止我喜歡？她也同樣的喜歡。

她又拿著唱片問老王的意見，老王客氣地說：

「隨您們兩位。」

於是，她把留聲機的盒子打開，我裝上把手搖了一會，她小心地把程硯秋的《碧玉簪》放上唱盤，然後坐在我身邊凝神欣賞。

老王也聽得非常出神，他閉著眼睛，中指在膝蓋上輕輕地敲著板眼。唱片全新，聲音清晰，程硯秋初試新腔，出奇制勝，已經自成一家了。

《碧玉簪》放完以後，月仙又接著放程硯秋的《六月雪》，程腔如泣如訴，的確令人迴腸盪氣。

接著我換放了一張梅蘭芳的《生死恨》，想不到那一大段二簧，竟把老王唱得眼圈發紅，悄悄地走開。

月仙靠在我的肩上，一聲不響，眼裏含著兩顆晶瑩的淚珠。雪，輕輕地飄落；月仙的眼淚也輕輕地落在我的手上。

《生死恨》唱完之後，月仙輕輕地歎口氣，把留聲機關上，我笑著問她：

「不再放了？」

「再放？眼淚都要掉出兩缸。」她淚眼盈盈地向我一笑。「你不要假笑，我看你也快淌貓尿了！」

我嗤的一笑，眼淚真的滾了下來，掉進火盆裏嗞的一聲響。

臨睡時，月仙一面掀開被子，一面又不自禁地輕輕地哼著《生死恨》的唱腔，她的音色很好，哼起來倒有幾分神似，因此我打趣地說：

「不要再哼了，房裏沒有水缸。」

她回眸向我一笑：

「京戲可真迷人！」

「可不是？連老王也被它迷出了眼淚。」

她嗤的一聲，望著我夢幻似地說：

「我看我們都有點傻！」

「不傻怎麼會冬天上廬山？」我握著她的手說。

她啞然失笑，把頭輕輕地伏在我的胸前，靜靜地靠著我，我聽見我的「老火車頭」的噠的噠，甚至我們彼此的心跳，以及雪花的輕輕飄落。

第二天早晨醒來，突然陽光耀眼，雪光，陽光，照得遍山晶亮；透過長窗向上望去，一片青天，滿眼湛藍。

天是晴了，可是氣候卻比下雪更冷，我嘴裏呵氣如雲，久久不散。

月仙睡得非常安靜，長長的睫毛輕輕地覆蓋著眼睛，半月形的嘴微微閉著，嘴角掛著一絲恬澹的微笑，呼吸柔和匀均。

我輕輕地把她搖醒，她發現陽光照進臥室，不禁哦了一聲：

「哦，晴了？」

「日上三竿，陽光普照。」

「難得這麼一個晴天，我們出去走走好不好？」她一面起身一面笑著問我。

「好，」我點點頭：「我們上黃龍寺去。」

「黃龍寺是尼姑菴還是和尚廟？」

「和尚廟。」

「好玩嗎？」

「不錯，寺前有兩棵寶樹、一顆銀杏，是廬山最高最大的樹，四季常青。黃龍潭，烏龍潭，非常幽靜，夏天水都冰涼，不過現在不能去。此外黃龍寺的住持慧真，能詩能畫，人也不俗。」

「真的？」她驚喜地望著我。

我笑而不答，她輕輕地說：

「別介意，我知道你不說假話。」

「這次我講的全是假話。」我說。

「我也當真。」她笑著點點頭。

我們的心情非常愉快。

老王的心情好像也特別開朗，他聽說我們要去黃龍寺，也高興地說：

「很好，這裏除了那兩個洋鬼子之外，就只有黃龍寺的和尚了，你們可以去玩玩，就是怕雪太深，過不去！」

「遠不遠？」月仙問。

「有三、四里路，」老王說：「何先生很熟。」

「老王，你去不去？」我問他。

「我不去，」老王搖搖頭：「我看家。」

飯後，我和月仙一道出門，沒有一絲風，仍然很冷，陽光照在雪上，特別耀眼。月仙挽著我，我拄著紫藤手杖，腳一踩下去，雪就有膝蓋深。但是月仙的興致很好，一點也不畏縮。

馬蘭的房子仍然是門窗緊閉，看不出一點動靜。

到黃龍寺去的路不寬，不險，都是沿著山轉，用不著像爬好漢坡那樣膽顫心驚。但是雪深，我們走得很慢，邊走邊欣賞雪景。

山上多常綠喬木和滿滿的綠竹，幾乎四季常青，可是現在只看見一片深深的白雪，起伏的山峰像白色的洶湧的波浪。

離黃龍寺還有一里路左右，我們遇到了一處雪崩，擋住了去路。但是黃龍寺已經在望，那三棵大樹像三柄巨大無比的半開的銀傘，矗立在寺前，非常好看。

「雪擋住了路，要不要去？」我笑著問月仙。

一路跋涉，她已經累得兩頰緋紅，但是身體顯然暖和了很多，心情也非常愉快，她掠掠頭髮向我一笑：

「入寶山豈可空還？望見了黃龍寺怎能不去。」

「好，妳的雅興倒真不淺？」我替她整整後面的頭髮。

「這都是向你學來的。」她附著我耳邊輕輕地說。

我把皮襖向上一捲，首先爬上擋住去路的雪堆，然後一伸手，把她連提帶拉地吊了上來。等她站穩之後，我又先滑下去，把手杖的一端遞給她，支持她慢慢地滑下來。

「出來走走很好，不像在房子裏那麼冷兮兮。」她笑著脫掉大衣。

我也感到一身熱氣直往外冒，取下了圍巾。

她脫了大衣之後，走起來比先前輕鬆，她外表比一般女性瘦弱，精神卻很好。

到達黃龍寺時，我們並不先進去，我帶著她走向坡下那三棵大樹，一走到樹下我們就覺得自己的渺小。

上面的兩棵比下面的一棵稍微大點高點，月仙牽著我的手去抱，我們兩人的手圍起來還差很多，月仙驚歎地說：

「好大的樹！」

太陽照在樹頂的雪上閃閃發光，我們拂掉石凳上的積雪，坐在旁邊，看這奇妙的樹和奇妙的景象。

「這不該叫寶樹，應該叫情人樹。」月仙看了半天忽然向我一笑。

「妳這不是同和尚開玩笑？」我嗤的一笑：「他們沒有七情六慾，黃龍寺前的樹怎麼可以叫作情人樹？」

「它們真像一對親密的情人，它們的愛情是萬年青。」她認真地說。

「小聲點，要是被和尚聽到了，會把我們趕出山門。」我笑著說。

她馬上掩著嘴輕輕地笑。

休息了一會兒我們又感到寒冷，我圍好圍巾，她穿好大衣，我們一道向黃龍寺走去。我這才發現慧真和尚站在樓上，倚著欄杆，在注視我們。不過我們有一段距離，他沒有認出是我，加之我和月仙一道，他更不敢隨便相認，因為以前我來時總是一個人，而且是在夏天。

直至我走到寺門口那兩棵小寶樹跟前，他才發現是我，匆匆地趕下樓來，向我合十點頭，笑著說：

「我說數九寒天，誰有這麼大的雅興？原來是你！」

我把月仙介紹給他，他雙掌當胸合十，深深地一鞠躬：

「哦！古居士，有緣，有緣！」

月仙看他那麼客氣，也向他鞠躬。

他把我們帶到樓上夏天招待貴賓們的那間休息室，要小和尚了緣從他的禪房裏把炭火端了過來，又泡了兩杯熱氣騰騰的雲霧茶，外加瓜子、冰糖、筍乾，這都是黃龍寺待客的上品。

「您是那天上山的？我真沒有想到您會在冬天趕上山來？」慧真捻著赭色的唸珠問我。

「上個禮拜，」我說：「我們都歡喜過過廣寒宮的生活。」

慧真聽了一笑，又望望月仙：

「古居士也真是一個雅人！」

「那裏？我不過是附庸風雅。」月仙笑著回答。

我望了她一眼，她抿著嘴笑。慧真卻清亮地笑了起來，笑聲一落就說：

「古居士真是妙人妙語，捧何居士不著痕跡。」

「幸好是在你這裏，不然真教我下不了臺。」我對慧真說。慧真又清亮地一笑。

月仙望了我一眼，輕輕地握握我的手，慧真沒有看見。

「她很歡喜畫梅畫竹，就是沒有名師指點，你願不願意把她收入門牆？」我指著月仙對慧真說。

慧真一驚而起，倒退幾步，雙手合十，向我一躬：

「您說那裏話來？貧僧怎麼夠格？古居士即或沒有名家指點，也必成此中聖手。」

月仙謙虛了幾句，我笑著說：

「何以見得？」

「胸中有梅有竹，自然會畫得好。」慧真還坐，向我解釋：「胸中無梅無竹，就是有名家指點，也是徒然。古居士根器好，所以貧僧敢這樣武斷。」

「方丈誇獎。」月仙謙虛地說。

「貧僧在黃龍寺住了十幾年，每年夏天，廬山冠蓋雲集，仕女如雲，貧僧閱人不少，還沒有看見一位名門閨秀，有古居士這樣出塵脫俗！」

「我們是一見投緣，你不必再這樣誇獎她了。」我笑著對慧真說。

「我確實不是誇獎。」慧真認真地說：「如果畫牡丹芍藥，我不敢這樣奉承古居士，但是畫梅，畫竹，畫蘭，她會無師自通，應稱妙手。」

「方丈這樣說，下次我真不敢來了。」月仙說。

「如果兩位不嫌貧僧寒寺，我歡迎您們常常來，尤其是冬天；夏天黃龍寺未能免俗，我不能多陪兩位清談，那就要請兩位包涵了。」

「我們打算在山上久住，以後會隨時打擾黃龍寺。」我說。

「那真是貧僧有緣了。」他又雙掌當胸一合，向我們兩人一笑。

隨後他又吩咐小和尚了緣通知廚房，準備飯菜，留我們吃飯，我們一再婉謝，他卻爽朗地說：

「寺裏無葷腥，不過是粗茶淡飯，你們何必客氣？」他這樣一說，我們就不好意思再推辭了。

我要看看他的詩畫，當著月仙的面，他起先謙虛不肯，後來還是拿了幾幅畫和幾首詩出來。他的詩很有進境，更近空靈。月仙對他的山水極為欣賞，他卻謙虛地說：

「住在廬山，是山水培養我，不是我畫山水。」

「方丈講的都是行家的話，一語破的。」

「貧僧不過是胡扯，古居士不要見笑。」

他又提議和我下棋，他的象棋比我好得太多，我是他手下敗將，但他的興致很好，我不願掃他的興，只好奉陪。

他的棋子是景德鎮的名瓷燒的，棋盤是整塊木頭製的，油得發亮，這套玩藝兒相當考究。每逢夏天，他總要陪那些上山避暑的名公巨卿，在那兩棵大寶樹旁邊的石桌上下幾盤，作為他風雅的應酬。現在他和我下，完全是為了消遣。我要他讓一隻車，他卻向我一笑：

「空山寂寂，豈為輸贏？」

月仙聽了一笑，我也笑著對他說：

「既然無關勝敗，多輸幾盤何妨？」

「這才是真看得開！」他點頭微笑。

結果我連輸兩盤，月仙在旁邊給我出主意，還是不敵，最後他故意讓我一盤，才算贏了。三盤棋下來，已經不少時間，小和尚了緣來報告慧真說飯菜已經好了，慧真要他開在這裏，了緣身子一躬退了出去。

「我們去飯廳吃不好？何必這樣麻煩？」我說。

「兩位真是稀客，如果不是和貧僧有緣，我打八人轎子去請，也請你們不來，這裏清靜一點，我們可以談談。」慧真把棋子裝進盒子裏面，往棋盤上一放，又笑著對我們說：「這副棋就送給你們兩位消遣。」

我和月仙連忙婉謝，實在不敢接受他這份重禮。月仙推說她不會下，慧真望著她說：

「古居士，先前妳教他邊砲一將，貧僧差點給妳將住了，不會下棋的人還會使用邊砲？那有這個道理？」

月仙噗哧一笑，我接著說：

「這樣好的棋子，送給我們實在可惜，你自己留著消遣好了。」

「我一年難得下幾盤棋，今天你來了我才一時興起。」慧真說。

「夏天貴賓很多，他們會找你下棋。」

「你們拿去最好，沒有工具他們就不會找我下棋。其實，這副棋盤棋子到了你們手裏，才真是找到了主兒。」

「大方丈，你這樣說真教我們慚愧了。」月仙說。

我看慧真誠心贈送，再推辭反而見外，因此對月仙說：

「我們就先領慧真法師這份盛情，暫時拿回去消遣，到了夏天再送過來，妳看怎樣？」

月仙點頭，慧真也不再堅持贈送。了緣提著菜飯走了進來。

菜的確很簡單，蘿蔔、菠菜，都是他們自己種的，冬筍是山上挖的，只有素雞的原料是買的，這種素雞素鴨材料，黃龍寺終年不斷，尤其是夏天，用得特別多，雞、鴨、魚、肉的原料，都不外千張皮和腐竹，只是做法不同，口味各異。我以前吃過兩次，月仙卻是第一次吃。

「出家人不沾葷腥，恕我沒有山珍海味招待您們兩位，請將就一點。」慧真客氣地說。

可是冬筍、素雞卻比什麼葷菜的味道都好，素雞固然是黃龍寺的名菜，冬筍也比山下的鮮，大概是從雪底下臨時挖起來的。

「你別客氣，這幾樣菜實在蓋過一切山珍海味。」我說。

「古居士吃得來嗎？」慧真又特別問月仙。

「我真不知道怎樣說好？」月仙望著我笑笑：「好話你已經說盡了。」

我還沒有接腔，慧真卻哈哈笑地說：

「古居士真是妙人，貧僧臉上也沾了不少光彩。」

「大概她還想再來叨擾？」我笑著說。

「歡迎，歡迎！」慧真爽快地說：「歡迎兩位隨時光臨。」

「你這樣客氣，我們真不好意思再來了。」月仙說。

慧真望了我們兩人一眼，然後說：

「好，一切隨緣，你們兩位既是野鶴閒雲，愛來就來，愛去就去，貧僧也不拘形跡就是了。」

月仙點點頭。慧真很高興，我發覺他今天的心情特別好，正如雪後的晴天。

飯後他又重新給我們泡了一杯雲霧茶，這種茶也是他夏天招特貴賓的，是黃龍寺的特產，加上黃龍潭清冽的泉水，味道特別清香雋永。

臨走時，我塞給了緣一塊袁大頭，沒讓慧真看見。

慧真踏雪送我們走上黃龍寺後面的山路，他的淺口灰布僧鞋，灌了不少雪進去。我再請他留步，他才向我們雙手合十，把頭一點，轉身回去。

「慧真法師真的不俗。」走了一段路，月仙摩著棋盒說。

「我想他原來一定是個書生，由儒入釋，境界自然高些。」我說。

「他的畫好，詩也寫得不錯，我很歡喜他那首〈山中即事〉的七律，可惜只記得兩句。」

「那兩句？」

「子夜深山聞虎豹，龍潭碧水洗禪心。」月仙低聲曼吟。

「他的詩好，妳的記性也很不錯。」

「難道你一句也不記得？」她笑著問我。

「我是過目即忘。」

她嗤的一笑。

天上又起了薄薄的浮雲，太陽躲進雲裏，背陽的山陰路上，寒氣逼人，腳踩進雪裏發出嗞嗞的聲音。

回到「心園」，老王問黃龍寺的情形，我告訴了他，月仙揚揚手中的棋盤說：

「老王，慧真法師送了我們一副象棋，以後你也可以消遣消遣。」

「這是您們玩的，我不會。」老王搖搖頭。

我們帶進來不少雪，老王又用掃帚往外掃，同時把門口的雪剷掉。

我們在深雪中來回跋涉了好幾里路，有點兒累。月仙放下棋盤，笑著對我說：

「你累不累?我想靠一會兒。」

我雖然累，但不想白天睡覺，我沒有這個習慣。我讓她去睡，獨自坐在火盆旁邊烤火。

月仙睡了一會兒，精神很快恢復過來，興致很好。晚上，我們靜靜地看了一陣書，她看完之後，把棋盤拿了過來，伏在我肩上輕輕地說：

「下盤棋好不好?」

我點點頭。她笑著在我對面坐下，把棋盤架在我們兩人的膝上，像搭著一座橋。

第六章　兩個雪人好作伴
一雙父女歎孤單

老王把路上的雪剷開，堆在兩邊。

院子裏的雪有兩三尺深，他一面剷，一面在堆雪人。

月仙看他堆雪人，笑著用手肘碰碰我：

「我們也去堆一個好不好？」

「妳有此雅興？」我問。

「不是雅興，是一片童心。」她笑著回答。我放下書，她挽著我的手，一道走了出來。老王看見我們走近他，笑著把鏟子遞給我：

「您們是不是也想堆個雪人？」

月仙笑著點頭，老王又去拿了一把鏟子交給月仙，打趣地說：

「我看您剷不動。」

「讓她作作樣子。」我說。

老王一笑，她也好笑。

老王的那個雪人已經堆得和他一般高，只須稍加修理。他讓我和月仙剷雪，自個兒加工。

雪落下來是輕飄飄的，堆積起來卻很重，我端起一鏟雪都很吃力，月仙只能剷半鏟，剷了不久兩頰就累得通紅，只好把大衣脫掉。

「這是很好的運動，我們也不能老是躲在屋裏下棋看書。」月仙說。

「冬天過後我們就可以出去旅行，散步。」

「看樣子我們還要呆在房裏三個月。」

「那可不一定，」老王接嘴：「有時二月花朝就不下雪，有時三月清明還要來場大雪。明年交春早，或者過年後就有好天？不過不到三月不能完全解凍，早晚還要結冰。」

「老王，廬山春天好不好？」月仙問。

「廬山四季都好，春天更好。」老王說。

「怎麼個好法？」月仙問他。

「這我可講不出來！」老王搖搖頭：「我就是口齒笨，也不會看風景。」

月仙和我相視一笑，老王卻坦然地說：

「說實在的，遊山玩水是你們讀書人的事情，我老王絕不假充斯文。」

我和月仙不禁笑了起來，月仙笑著對老王說：

「老王，你就是這些地方可愛！」

「本來嘛！」老王也笑著說：「我看得太多了，每年夏天上山歇伏的那些闊佬，說句不應該的話，有些人比我老王還俗氣，他們有幾個懂得山水？不過是有幾個子兒，要找個地方花花。」

「老王，他們是來歇伏，風涼風涼，不是遊山玩水的。」月仙扶著鏟柄說。

「您說他們不是遊山玩水嗎？他們可成群結隊，坐著轎子，擺出架勢，黃龍寺啦，仙人洞啦，五老峰啦，三疊泉啦……」老王攀著手指頭數，然後一笑：「嘿！他們像看西洋鏡兒似的，廬山的名勝他們差不多跑光了。」

「上山歇伏自然要就便看看風景。」我插上一句。

「何先生，他們可不是那回事兒，那些坐著轎子在山上團團轉的人，像趕廟會，完全是湊鬧熱，擺闊！那是遊山玩水？說句不應該的話，簡直糟蹋了山水！」

月仙和我面面相覷，隨後她又望望老王：

「老王，照你這樣說，我也糟蹋了山水？」

「不，不，不！」老王連忙搖手：「您才配！那些洋婆子才教糟蹋廬山呢！」

「老王，你怎麼又扯到洋人頭上去了？」我笑著對他說。

「何先生，你也不是不知道？」老王也笑著回答：「那些洋婆子臉上擦得像個猴兒屁股，身上穿得怪模怪樣，有些嘛，還穿著短褲頭兒，大腿像個牛膀兒，胸脯都露在外面，像吊著兩個大葫蘆，嘖嘖嘖！……」

老王直搖頭，我忍不住大笑起來，月仙的臉微微一紅，掩著嘴笑。

「兩位不要笑，」老王望著我們一板正經地說：「洋婆子不但糟蹋山水，簡直傷風敗俗！」

我要老王不要再講，老王向我抱歉地說：

「何先生，我老王粗人粗話，請兩位包涵包涵。」

「不，老王，你的話很有道理。」月仙馬上安慰他。

老王寬慰地一笑，隨即動手修理雪人。

我和月仙也連忙剷雪，堆成雪堆，堆到和她一般高時，她的鏟子就舉不起來，站在旁邊微微喘氣。

老王很快地把雪人修好，又接過月仙手中的鏟子，幫忙我堆雪，堆得比我還高。不久，這個雪人就完成了。

兩個雪人併肩立在我們書房的窗外。

當我和月仙併肩站在窗內欣賞雪人時，我突然發現馬蘭站在她自己的窗內向我們揮手，這使我想起她患病的父親，三天了，她沒有再來向我們要藥，我們也沒有看見她房子裏有什麼動靜，我們幾乎把這一對白俄父女忘了。

「馬蘭在那邊向我們揮手。」我對月仙說。

月仙看見她之後哦了一聲，也向她揮手，隨即向我說：

「不知道她父親好了沒有？我們應該過去看看。」

我點頭同意。月仙連忙走進臥室，拿了十顆消炎片帶在身上。

我怕老王不高興我們和洋人來往，先告訴他，說是去看看病人，老王動了惻隱之心，贊成我們去。

微弱的陽光從雲縫裏曬在雪上，沒有什麼威力，兩天來所溶化的雪還不到兩寸，雪底下卻結成冰凌，踩在上面不是軟綿綿的，有一點點硬，發出清脆的聲音。

馬蘭看見我們過來看她，連忙打開大門，跑出來歡迎，她先擁抱月仙，又來擁抱我，她擁抱我時我顯得有點兒尷尬，月仙卻站在旁邊望著我微笑，好像欣賞「西洋鏡」兒似的。

「妳父親怎樣？」我為了掩飾自己的窘態，首先發問。

「謝謝，退燒了。」她愉快地回答，兩頰像粉紅的玫瑰。

「我們還在耽心呢！」月仙接著說：「妳怎麼不過去告訴我們一聲？」

「本來我想過去謝謝你們，」她抱歉地說：「但我怕你們的老王。幸好，我剛才向你們揮手時被你們發現了。」

說著她兩手向我們一抄，一手挽著我，一手挽著月仙，把我們擁進房屋。

客廳裏的沙發上，半躺半臥著一個頭髮灰白，濃眉，深眼，高鼻，滿臉鬍鬚的老人。他身上蓋了一件破舊的上好的俄國毛毯，精神雖然不大好，體質卻很強健。馬蘭的兩手一鬆，向他跑去，輕輕地說了幾句俄國話，然後指著我們用中國話大聲地對他說：

「這就是我們的恩人。」

他坐起來向我們點點頭，滿臉笑容地用東北口音對我們說：

「謝謝你們。」

「不必客氣了，這算不了什麼。」我搖搖頭說：「老先生，我們應該怎樣稱呼您？」

「索非亞沒有告訴你們？」他望著我說。

我搖搖頭。他感喟地說：

「以前我們的同胞叫我馬林斯基將軍，現在你隨便叫好了。」

月仙驚奇地望望他，又望望我，笑著向他說：

「我們還是叫你將軍好了。」

他欣慰地一笑，隨即自卑地歎口氣：

「很久沒有人叫我將軍了！現在我倒像個老叫化子。承你們看得起，還是叫我老馬林斯基好啦。」

「爸爸的感慨很多，請你們不要介意。」馬蘭招呼我們在馬林斯基對面坐下。

「索非亞，給客人泡兩杯茶。」馬林斯基吩咐女兒。

「真抱歉，」索非亞向我們一笑：「茶葉喝完了，開水好不好？」

馬林斯基迷惘地望了女兒一眼，隨後把手在沙發把上輕輕一拍：

「唉！我真老糊塗了！」

我看他那一臉尷尬的樣子，連忙說：

「天氣冷，我們不喝茶。」

馬蘭怔在那裏，抱歉地望著我們，月仙輕輕地對她說：

「馬蘭，妳給我們一點開水好了。」

馬蘭高興地身子一旋，轉到後面去了。

這座別墅很漂亮，比「心園」還好，家具也是新的，沙發的彈簧、套子，都很考究，坐在上面非常舒服，只是和馬林斯基父女不大相配，客廳裏連一盆炭火都沒有，這樣寒冷的天氣，沒有炭火是很難受的。

馬蘭端了三杯開水出來，他父親一杯，我們一人一杯。

「老將軍，你還要不要吃藥？」月仙問馬林斯基：「我帶了消炎片來。」

「謝謝妳，我已經退燒了。」馬林斯基欠欠身子說。

月仙把藥片交給馬蘭，囑咐她好好保存，以備不時之需，馬蘭向她說了好幾聲謝謝。

「老將軍，你到中國多少年了？」我問馬林斯基。

「十幾年了。」馬林斯基回憶了一下才說：「我是從莫斯科逃出來的。」

「以後沒有再回國去？」

「該死的布爾雪維克得勢了！我回去不是送死？」

「你想不想回去？」

「想又有什麼用？」馬林斯基的手在沙發把上一拍，廢然一歎：「那個國家已經不是我的了！」

「爸爸害思鄉病，越老越想烏克蘭。」馬蘭輕輕地對我們說。

「我坦白地對你們說，廬山很好，我們俄國沒有你們這麼好的地方。」馬林斯基抬起頭來望著我們：「但廬山是你們的，不是我的，我在這裏只是叨你們的光，生不了根。如果詹姆士不雇我看房子，我連立腳的地方都沒有，連猶太人都不如。」

馬蘭走過去對他說了幾句俄國話，他便不再講。我們不知道她說些甚麼？

「爸爸很苦悶，歡喜訴苦，請你們原諒。」馬蘭走回來輕輕地對我們說。

「沒有什麼，他講講心裏也許好過些。」月仙說。

「我實在聽煩了。」馬蘭向我們皺眉苦笑。

我們坐了一會兒就起身告辭。馬林斯基費力地站了起來，他的背有點駝，我們不要他送，請他坐下，他吩咐馬蘭說：

「索非亞，妳代我送客。」

索非亞又兩手把我們一抄，送我們出來。

她門口的雪沒有剷掉，路的坡度又比「心園」門口的高，上來還不太難走，下去卻很滑，月仙幾次都差點摔倒，都被馬蘭拉住。

「在東三省這時正好溜冰滑雪。」馬蘭說。

「妳會？」月仙問她。

她點點頭，又遺憾地說：

「可惜南方不作興，其實廬山最好溜冰。」

「廬山冬天沒有人住，不能為妳一個人弄個溜冰場。」我說。

「真的！」她天真地一笑：「原先我還以為山上只有我和父親兩個人，那真寂寞死了！」

「以後妳可以常常到我們那邊去玩。」月仙對她說。

「我不敢常去打擾你們。」

「不要緊，其實老王是個好人。」

「你們也要看書，我怎麼好去打擾？」

「妳平常怎麼打發日子？」

「無聊得很！中國書很多我看不懂，只好聽父親講講他過去的歷史，俄國的情形。其實過去的已經過去了，現在的俄國又不是那回事兒！」她搖頭苦笑。

月仙同情地望望她。走下山坡路，我們要她回去，她卻挽著我們的手不放，要繼續送我們一段路。

她邊走邊用腳踢雪，踢起好幾尺高，月仙望著我一笑。

到了小木橋邊，她才兩手一鬆，笑著對我說：「我不送了。」

我們點點頭，要她回去，她看我們過了小橋，才向我們揚揚手，轉身回去。

她孤單地在雪中跋涉，金黃的頭髮披在背後彷彿金黃的瀑布。

第七章　雪裏梅花香撲鼻
對門俄女話滄桑

清晨的空氣特別清新，房子裏流動著陣陣清香，我一醒來就聞到那股香味。

月仙不在床上，她怎麼起得這麼早？房裏又不見她，她到那裏去了？

我披衣起床，走到窗前望望，月仙正站在梅樹旁邊，伸手攀著一根樹枝，湊近鼻子聞聞。我故意咳嗽一聲，她回頭一笑，向我招招手：

「來，梅花開了。」

我一面扣衣服，一面趕了出去。走到她身邊時，她攀著一根樹枝，送近我的鼻尖，笑著問：

「香不香？」

一陣撲鼻的清香直往我鼻子裏鑽，我精神為之一振，隨手握住樹枝，仔細看看，枝上的梅花大多數還在含苞待放，只有少數吐蕊，花蕾都凍成古玉般的顏色。

「香不香？」月仙看我沒有回答，又問一句。

「清香撲鼻！」我點點頭。

她欣然一笑，又輕輕地說：

「我就是聞到這股香氣，才起得特別早。」

「妳怎麼不叫我一道起來？」

「我想讓你多睡一下。」

「真想不到它在一夜之間悄悄地開了？」我放開樹枝說。

「是呀，它怎麼不先向你報個信兒呢？」月仙望著我一笑。

我也嗤的一聲。

清新的空氣伴著陣陣花香，使我們的心情特別舒暢。月仙提議散步，我欣然同意。上山以來，因為大雪的關係，很少出門，清晨散步是我的生活習慣之一，但上山後就中斷了。現在地上只有一層薄薄的冰雪，常綠樹木露出了青蔥的葉子，竹子也抬起頭來。

我們在路上散步，路上靜悄悄的，只有我們的腳步踏在薄薄的冰雪上的嗦嗦聲，夏天最熱鬧的洋人住宅區也沒有一個人，天氣還是很冷。

回來時，老王已經把洗臉水、稀飯，統統準備好了。

「嘿！兩位真好興致。」老王迎著我們說。

「老王，梅花開了你知不知道？」月仙問他。

「我早就聞到香味兒了。」老王笑著回答。

「你去看了沒有？」

「我去看時你們兩位還沒有起床。」

「吓？你起得比我還早？」

「我起來時還沒有天亮。」

月仙望望我，自嘲地說：

「我還以為我起得早呢！」

「其實我也不算起得最早，」老王接著說：「黃龍寺的和尚起得纔早，他們不到五更就起來唸經了。」

「今天我起得最晏，你們都比我早。」我說。

「你也不算起得晏，」月仙望著我說：「你起來時太陽還沒有起山，上海人現在還睡大覺哩。」

我掏出「火車頭」一看，現在才七點過五分，城市的人的確還在睡大覺。

飯後，老王笑著對我說他要下山，我聽了一愣，這種結冰天，下好漢坡那不是滾瓜？老王身體再好，滾到懸崖底下，也會跌個稀爛。

「你想去蓮花洞？」我問他。

「不，」老王搖搖頭：「去觀音橋。」

「幹什麼？」

「今天二十八了，兩位在山上過年，我總得辦點兒年貨。」

「老王，下山路滑，我看免了罷！」月仙說。「不要冒險。」

「山南的路平得多，不像好漢坡那麼陡。」老王說：「不辦年貨也得買點兒米炭上來。」

他這一說我突然瞭解大概快唱「空城計」了。這一向就沒有一個鄉下人上山，什麼也沒有買，我們的飯量又比以前好，炭也燒得多，老王的存貨八成兒快完了。

我拿了三十塊錢交給老王，老王不肯接受，月仙說：

「老王，我們怎麼能吃你的？那還像話？」

「吃我的又有什麼關係？」老王大方地說：「何況東家信上已經有了交代，他還在乎你們兩位的吃用？」

「老王，我們不是在山上住一天兩天，上山之前就有了準備，你收下好了，東西你看著辦，路上可要特別小心。」我把錢硬塞進他的手裏。

「將來東家會怪我的。」老王說。

「東家你不必耽心，早去早回。」

「放心，天黑以前我一定趕回來。」

老王換了一雙草鞋，就匆匆地走了。

老王走後，整個「心園」就只有我和月仙兩人，似乎更靜，室內陣陣清香，我們好像不是住在人間，而是住在天上。

月仙從箱子裏拿出幾張宣紙，走到寫字檯前，笑著問我：

「你寫不寫？」

我知道她想畫，故意搖搖頭。

她手在磨墨，眼睛卻望著窗外的梅樹。這株梅樹的年齡看來不小，幹粗枝橫，幹呈黑褐色，枝呈紫銅色，花蕾如古玉，已開的花瓣帶點粉白。

我不想打擾她，獨自坐在火盆旁邊看書，她磨好墨以後卻回過頭來向我招招手。我走了過去，她指著梅樹問我：

「你看我取那一枝好？」

「妳不要問道於盲，我可沒有這種眼光。」我說。

「你是不是想留一手呢？」她向我一笑。

「我幾時藏過私？」我笑著回答。

「你真的沒有意見？」她輕輕地搖我的肩膀。

「半吊子意見比沒有意見更壞。」

「好，你去看書，讓我自已亂塗。」她笑著把我輕輕一推。

「慧真說妳無師自通，會成為此中聖手，說不定這就是一副傑作？」我鼓勵她說。

「人家的奉承話，你也當真？」她輕輕地說。

「只要有人奉承妳，我就相信。」

她望著我，又驚又喜，過了半天才說：

「你不要把山雞當作鳳凰。」

「我的眼睛倒也不是豆豉。」我指指自己的眼睛。

她笑著把頭一低，滾下了兩滴眼淚。

我悄悄地走回火盆旁邊。

《儒林外史》吸引著我，我沒有分心去注意月仙畫梅，她也不再叫我，房子裏很靜，沒有一點聲音。

突然，大門剝剝的響，月仙和我同時抬起頭來，她望著我訝然一聲：

「誰？」

「我去看看。」我站了起來。

我走到前面去把大門打開，馬蘭亭亭玉立地站在門外，那次拿藥以後她就沒有再來，起先我以為她父親又生病了，但她滿臉的笑容，完全不像有什麼心事。

「有什麼事嗎？」我問。

「借書。」她向我笑笑，隨即輕輕一躍，跳了進來。

我把門關上，她拉著我走進書房。

月仙一看見她，連忙站了起來，笑著問：

「什麼風把妳吹來的？」

「我知道老王不在，」她得意地回答。「所以溜了過來。」

「妳看見他出去？」月仙說。

她笑著點點頭。

「以後要來時妳儘管來好了，老王不會再阻止妳的。」月仙安慰她。

「妳不知道老王的臉色多難看？」她抱怨地說：「他好像和我有仇似的？」

月仙聽了一笑，拉著她在火盆旁邊坐下，拍拍她的手說：

「老王對洋人好像有點兒成見，不是對妳一個人特別，妳不要介意。其實他是個好人。」

「其實我倒很喜歡中國人，偏偏中國人不喜歡我。」她遺憾地說：「我看不止老王一個人如此？」

「不會的，」月仙搖頭：「我就喜歡你。」

「真的？」她高興地跳了起來，抓住月仙的臂膀，用力搖了幾搖。

月仙被她搖得點頭晃腦，等她放手以後，掠掠頭髮向她笑道：

「馬蘭，妳簡直搖暈了我的頭。」

馬蘭抱歉地在她臉上親了一下，又回頭來天真地問我：

「何先生，你喜歡不喜歡我？」

我不知道怎樣回答她好？說喜歡她嗎？又怕她抱著我親熱一番，說不喜歡她嗎？又怕傷了她的自尊心。我望了月仙一眼，月仙立刻代我回答：

「馬蘭，我們都喜歡妳。」

她開心地笑了起來，身子一旋，大衣像蝴蝶展翅般地張開。旋了一個圓圈，突然停住，望著我們說：「你們真好！」

「老王也和我們一樣。」月仙說。

「他到那兒去了？」馬蘭笑著問。

「下山去了。」我說。

「什麼時候回來？」

「大概要天黑。」

「那我可以多玩一下了？」

「妳儘管玩好了。」月仙說。

「妳不畫畫嗎？」她望著桌上未完成的畫說。

「妳走了我再畫不遲，妳難得來一次。」

「馬蘭，妳父親好嗎？」我問。

「好！」她點點頭：「就是嚕囌。」

「老年人總歡喜講話。」月仙說。

「他的話特別多，」馬蘭皺皺眉：「而且總是那些老話。」

「妳那天為什麼阻止他講？」我記得那天馬林斯基的話還沒講完，她就用俄語打斷了他的話：「妳也許聽厭了，對我們倒是新鮮話兒。」

「如果你們不下山，總有一天會聽厭的。」

「其實妳父親也很可憐。」月仙同情地說。

「到關內以後他心裏更苦。」

「為什麼？」

「離俄國更遠了。」

「那你們為什麼要到關內來？」

「日本人把他當作俄國間諜，關他，打他，東三省耽不住，只好跑到關內來。」馬蘭歎口氣：「其實真冤枉，父親最恨布爾雪維克。」

她雙手向後掠掠披肩的黃髮，又把它拉到前面來，用手摸摸，低著頭說：

「不談這些了！越說越煩惱！」

「馬蘭，妳想不想回俄國？」月仙笑著問她。

「我和父親不一樣，我情願留在中國。」她說。

「為什麼？」我問她。

「俄國是甚麼樣子？我一點也不記得，」她扭著黃頭髮望著我說：「你們的東三省給我的印象最深。可是我越往南走，地方越好，今年夏天上廬山，真像到了天國，冬天你們覺得冷，我可不在乎。」

她把麻布袋般的舊大衣解開，裏面只有一件薄薄的肉紅色毛線衣，一條短裙子。而我外面穿了皮袍，裏面穿了絲綿短襖、長褲；月仙外面穿了海虎絨大衣，裏面還穿了黑子羔旗袍。比起我們來，她的確穿得太少了。

「妳真的不冷？」月仙摸摸她的手。

「我不怕冷。」她搖搖頭，把大衣扣上，把頭髮向後一甩。

她的身體的確很健康，豐滿，而且潛伏著一種原始的野性，像一隻成熟的栗色的牝馬，皮毛光澤而充滿活力，隨時都想揚起蹄子在綠色的草原上奔馳。

她綠色的眼珠兒在我寫字檯上一掃，黃眉毛一揚：

「你們那麼多書，我真不知道借那一本好？」

「妳看還是妳父親看？」我問她。

「我們兩人都想看。」她說。

「你們兩人誰的中文好些？」月仙問。

「我讀過你們的初中，我父親是從私人學的。」

「妳父親能不能看報？」

「勉強，」她點點頭：「我的字比他認的多，他的見識比我廣，我們兩個臭皮匠，可以湊成一個諸葛亮，看不懂我們就猜。」

月仙聽了好笑，站起來走到寫字檯邊抽了一本《三國演義》，一本《紅樓夢》，一本《聊齋》交給她：

「這幾本書你們看過沒有？」

她望了一眼，搖搖頭。

「妳剛才說的諸葛亮，就在這本書上。」月仙指著《三國演義》說。

「真的？」她高興地一跳：「聽說他是一個了不得的人。」

「你們能把這幾本書看完，對中國的事兒就會懂得更多。」我說。

「就怕我們看不懂？」她的綠眼珠兒溜了我們一眼。

「慢慢地看，不必急著歸還。」月仙拍拍她的肩說。

「你們都看過了？」她睜著綠眼珠兒望著我們。

「我們小時候就看起，現在還沒有看厭。」月仙說。

「那比俄國書好？」她問。

「看了妳就會知道。」月仙說。

她的綠眼珠兒在我們臉上和書上轉來轉去，突然把手在書上一拍：

「好，我馬上回去和我父親一道看。」

「老王一時還不會回來，妳不多玩一下？」

「不，」她搖搖頭，長髮像金色的波浪在背後晃動：「妳要畫畫，我不打擾。」

我們送她出去，離開火盆走到門口，感到一陣寒冷，我和月仙同時打了一個寒噤，月仙關心地問她：

「馬蘭，要不要加件衣服？」

「不要。」她頭一搖，胸脯一挺，手一揚，匆匆地跑下坡去。

「到底是洋婆子。」月仙望著她的背影輕輕地笑說。

我把門關上。月仙挽著我走進書房，她的畫還未完工，我要她一氣呵成。我說我去準備飯。

「怎麼能要你弄飯？」她望著我說：「我來。」

「老王說了，妳這雙手是寫字的，繡花的。」我握著她的手說。

「你的手也不是弄飯的呀！」

「伙頭軍都是男人幹的。」我放下她的手。「薛仁貴可是女人？」

她嫣然一笑，又客氣地說：

「那對不起，偏勞了。」

我是第一次弄飯，走進廚房不知道從那裏先下手？既然誇下了海口，又不好再要月仙幫忙，幸好兩個人的飯菜簡單，炭爐子、大火，沒有多久居然弄好了。

我的飯好了，月仙的畫也好了。她用圖釘把宣紙釘在牆壁上，要我品評一下，我說我不懂畫，不能信口雌黃，她卻在我耳邊輕輕地說：

「你隨便說幾句假話我也高興。」

我聽了好笑，一語不發，把她拉到廚房吃飯。

原先我以為我的飯煮得很好，誰知一吃到嘴裏竟是半生半熟，我皺著眉望著她不敢作聲，她卻笑著說：

「你煮得真好。」

我噗哧一笑，飯都噴了出來。我抹抹嘴對她說：

「妳真是哄死人不償命。」

「不，如果是我弄，一定比你更糟。」她一板正經地說，埋頭吃飯。

我愣愣地望著她，她一抬頭，我們的眼光碰在一起，她終於忍不住笑，往我肩上一伏，笑得像一株春風中的花兒似地微微顫抖。

第八章　老王殷勤辦年貨　月仙婉轉送溫情

老王真的直到天黑才回來，他手裏提了幾斤肉，一隻閹雞，一大籃雪裏紅，黃葉白，另外還有一枝臘梅。他後面跟了兩個鄉下人，挑了一擔米，一擔木炭。

我和月仙趕到小橋邊接他，他非常高興，把臘梅交給月仙說：

「我沒有替您買胭脂水粉，我知道您歡喜這個。」

「老王，真謝謝你。」月仙捧著梅花放在鼻尖上聞聞，高興地說。

「不要謝，我又沒有花一個錢，是在觀音橋折的。」老王說。

「雖然沒有花錢，可是難得這份盛意。」月仙說。

「不瞞您說，自己院子裏的我實在捨不得折，外面沒有主兒的我何妨慷慨?要是那棵樹我能拔回來，我一定栽在你們的房裏。」

月仙聽了一笑，那兩個鄉下人也咧咧嘴。我們知道老王這時要回來，事先預備了飯菜，這次是月仙弄的，飯是煮到恰到好處，菜的味道也好，連老王也讚不絕口，大概是餓的關係，飯菜全部吃得精光。

院子裏的一株梅花，本來就使房間裏陣陣清香。老王折的這一枝正在盛開，月仙把它插在瓶子裏，放在書桌上，更使房間裏清香四溢，身心舒暢。

老王把兩個鄉下人安頓好了之後，就過來向我們報賬，我們不聽，他還是一五一十地照唸。

「老王，別婆婆媽媽了，」月仙向他說：「這枝梅花就是無價之寶。」

「聽不聽在您，」老王把紙條子往荷包裏一塞，笑著說：「報我總要報。至於這枝梅花嘛，我老王不過舉手之勞，您又何必這樣珍貴？」

「老王，千里送鵝毛，禮輕仁義重呀！」月仙笑著說。

「您到底是大學生，出口就是文。我老王可沒有想到這一層。」

我和月仙都被老王說得一笑，月仙對老王說：

「老王，你別再恭維了，我真受不了！」

老王也嗤的一笑。

想到明天過年，馬蘭父女似乎什麼也沒有準備，我便以商量的口氣對老王說：

「老王，我們送點肉給馬蘭應應年景好不好？」

「這我倒不反對，」老王爽快地說：「不過您要讓他們知道，這幾斤肉是我老王和人家私人情商才讓過來的，要不是為了你們兩位，青菜蘿蔔我老王也照樣過年。」

「老王，馬蘭一定會感激你。」月仙說。

「我倒不要她感激，只要她感激您們就好。」老王說：「不過洋人不一定識得好歹，尤其是老毛子。」

「馬蘭讀過中國書，應該不同一點。何況他們現在落難？」

「您們怎麼說怎麼好，路總是跟著山轉，我老王一切依您們的。」

說完他就站了起來，我們也不留他，今天這一天山路，他可能很累，應該早點休息。

「老王對我們實在太好。」送走老王之後，月仙輕輕地對我說。

為了不妨礙老王他們睡覺，這夜我們沒有聽唱片，我和月仙只下了兩盤棋。

第二天清早起來，月仙先給花瓶裏換好水，又用手指頭蘸些清水彈在花上，然後小心小意地放上書桌。

院子裏的梅花似乎也多開了幾朵，枝頭一片春意。月仙拉著我出去看看，她用手指點盛開的梅花，牽著我繞著樹轉，但我一打岔她就算不清楚了。

那兩個鄉下人要趕著下山過年，老王提前開飯，他從廚房門口伸出頭來，叫了我們一聲，我們就從廚房後門走了進來。

也許是為了那兩個鄉下人的關係，老王今天早晨破例地煮了乾飯。他們兩人像趕兔子下嶺般地吃了三四碗飯，便匆匆地走了。

「他們吃得好快。」兩人走後月仙笑著說。

「他們真是粗人，一扁擔打得牛死，那像您們這麼斯文？」老王接著說。

月仙輕輕一笑，放下碗筷，站了起來。

老王在砧板上提起一個荷葉包，舉在我們面前一亮：

「肉切好了，您們兩位誰送過去？」

「老王，可不可以再送一棵黃葉白？」我笑著問他。

「成！」老王把頭一點，隨即挑了一棵黃葉白，和肉捆在一塊。

「你快點吃，我們一道送過去。」月仙對我說。

「不要急，也許他們還沒有起來。」我望望對面，門窗還未打開。

飯後，我又休息了一會兒，才拿起手杖，和月仙一道出去。今天比往日更早，我們當作散步，慢慢地踱過去。

天氣又開始變壞，陰沉，寒冷，雲層很低，快要接近五老峰頂，鄱陽湖上空的彤雲彷彿凝結住了似的。

我們敲敲馬蘭的大門，立刻聽到地板上響起一陣腳步聲，大門拉開時露出馬蘭一張笑臉，她高興地在我們每人臉上吻了一下。當我舉起手上的豬肉和黃葉白說是送給他們過年時，她又雙手一抄，把我和月仙抱在一塊，高興得雙腳一跳。

我們怕馬林斯基還沒起床，不想吵醒他，正抽身想走，他卻趕了出來。當馬蘭說明我們的來意時，他又像他的女兒一樣，雙手把我們一抱，喃喃地說：

了。

「你們真好，你們真好！」

他硬把我們拖了進去，不讓我們走。他的年紀雖大，力氣可真不小，他已經看不出一點病容

他們正在吃烤麵包，那種枕頭形狀的大麵包。沒有牛奶咖啡，沒有牛油，只有白開水。

他們父女兩人都要我們吃，我們說吃過了飯，馬蘭還是給我們一人手上塞進一塊。

「昨天夜裏我看了《聊齋》。」馬蘭突然向我們說。

「妳看得懂嗎？」我問。《聊齋》的文字非常精鍊，我怕她的程度不夠。

「我猜得出來，」她高興地說：「爸爸也幫忙我猜。」

馬林斯基哈哈一笑，他的聲音沉實蒼勁，中氣很足。

「妳說真有狐仙嗎？她們真能變成美人嗎？」馬蘭低著頭輕輕地問月仙。

「我不知道，」月仙笑著搖搖頭：「我還沒有碰到。」

「昨天晚上我真想碰到一個。」

「妳不怕？」月仙笑著問。

她搖搖頭，又奇怪地問月仙：

「妳們中國怎麼有那麼多的美人？」

「妳看到了多少？」月仙反問她。

「很多，很多，」她的綠眼珠兒翻了幾翻：「在瀋陽、北平、上海、南京……我看到很多美

人，她們都很文靜，不像外國女人。」

「妳不也很美嗎？」月仙笑著說。

「嘿！我怎麼能同妳比？」她把腳一頓，地板咚的一聲。

我和月仙一笑，馬林斯基轉向我們低沉地說：

「索非亞到底是俄國人，還沒有改變她的野性。」

馬蘭望著他滿臉灰白鬈曲的鬍鬚，凹下去的綠眼睛，笨重的身體，笑著接腔：

「爸爸，我還不是像你？」

馬林斯基兩手一揚，得意地仰頭大笑，洪亮蒼涼的笑聲，使他微傴的身體抖得像一隻大黑熊，搖搖晃晃，然後突然把兩隻毛茸茸的手往馬蘭的肩上一搭，低沉地說：

「索非亞，爸爸什麼都沒有，妳就是我的驕傲。」

「爸爸，你已經講過幾百次了。」

馬林斯基把女兒一摟，在她臉上吻了一下。當他鬆開手抬起頭來時，兩隻凹下去的眼睛有點潤濕。他望著女兒喃喃地說：

「沒有關係，他們兩位還是第一次聽到。」

馬蘭趁他走過去拿烤麵包時，向我們輕輕地說：

「你們不要見笑，爸爸就是這個樣子。」

「他很愛妳。」月仙也輕輕地回答。

「他不愛我愛誰呢？」馬蘭輕輕地歎口氣：「他愛俄國，俄國又不要他。」

我望望馬林斯基，他正背著我們在吃麵包，喝開水，他的背脊微微弓起，那件黑大衣好像穿了幾十年，有好幾個窟窿，屁股後面磨得像剃刀布，閃閃發光。

他提起那個荷葉包，端詳了一會，然後轉向我們，笑著問：

「你們今天過年是不是？」

我點點頭。

「你們過年很有意思。」他羨慕地說。

「可惜是在山上，我們這個年也馬馬虎虎，不然一定請你們過去。」我說。

「謝謝了，」他把荷葉包一舉：「我和索非亞可以好好地吃一頓，不然還不是吃乾麵包？」

索非亞向他說了幾句俄語，他愛不忍釋地把荷葉包放回桌上，向我們說：

「謝謝你們。」

我們告辭出來時，天上又飄起漫天的雪花。

在小橋邊我們碰到一個郵差，這是我們上山一個多月第一次碰見郵差。他交給我們一捆報紙，一封信。

信是人仰夫婦寫來的，問候我們山居的情形，他們怕我們受不了山上的嚴寒和寂寞，隱隱為我們耽心。同時附了一張條子給老王，要老王好好地照顧我們。

老王識字不多，但簡單的信可以看懂。他看了那張字條之後，笑著說：

「幸好我昨天趕下山去買了點菜，不然東家一定會說我虐待你們，那我老王真擔待不起。」

「老王，你對我們不能再好了，再好我們怎麼受得住？」月仙笑著回答。

「也不能再壞，」老王高興地說：「再壞天都會塌下來。」

「老王，言重了。」

「兩位回信時，替我老王包涵一點兒就是。」老王望望我們做出一個老可憐的樣子。

「老王，你倒幽我們一默了！」我望望老王，我真沒有想到他有這一手。

「何先生，你看，天又下雪了。」老王指指外面飄舞的雪花：「我怕你們太寂寞，講句把酸話好讓你們開開心。」

月仙望著我一笑，挽著我走進書房。

個把月的報紙積壓在一天送到，一份份的拆開，就費了好半天工夫。我是隨拆隨看，月仙卻很有耐性地按著日期的次序整理起來，再從頭看起。

整天我們沒有做別的事，專看報紙。

晚飯時，老王一再催我們吃飯，我們才放下報紙。

老王一個人不聲不響地弄好了年夜飯，除了一隻清燉雞之外，還有三四樣菜，這是我們上山以來菜最豐富的一次。

「老王，真對不起，我沒有幫忙。」月仙看看桌上的菜抱歉地說。

「每年過年都是我一個人單吊，也沒有誰幫我的忙。今年過年多了您們兩位，這算是我老王的造化，還用您幫忙？」老王用圍裙擦擦手說。

老王的詳細情形我自然不知道，但人仰告訴過我，說老王在他家裏很多年，是他父親從外面帶回家的，他父親去世那年，特別把老王調到山上來，讓他過過清靜日子。夏天，人仰夫婦上山，自然頗不寂寞，其餘三季就只有他一個人，過年也是他一個人過。今年多了我們兩個人，也許他心裏是真高興。

老王沒有買酒，也沒有買鞭炮。這時山下人家可能爆竹喧天，可是山上卻非常沉靜，「心園」裏沒有喧鬧，馬蘭他們那座房子寂靜無聲，猴子嶺下面那些鐵皮頂的房子更像結了冰。

飯後，我們要幫忙老王洗碗，老王也不同意。

回到房裏，月仙做了一個紅紙套子，從箱子裏摸出十塊袁大頭，套了進去。等老王做完事，進來烤火時，她把紅紙套子往老王懷裏一塞，笑著說：

「老王，給你壓歲錢，意思，意思。」

老王兩眼直直地望著她，半天才「嘿」了一聲：

「這是什麼禮數？倒拿！照理，應該我給您們兩位，因為我老王比您們癡長一輩，您們怎麼把皮襖反穿起來了？」

「老王，應該我們孝敬你才對。」月仙說。

「嘿！」老王的手在大腿上一拍：「別折煞我了！這麼辦：我們兩頭一拉，扯平，兩免！」

「老王，今天過年，不能免俗，」我插嘴說：「還是外甥打燈籠，照『舅』！」

「嘿！」老王又把大腿一拍：「您們別照暈了我的頭，這可使不得！」說著他就拿起紅包想往月仙懷裏塞，但又中途縮手，往我懷裏一按。

「老王，不要這樣，這點小意思，如果你再不接受，那就見外了。」我又把紅包塞進他的懷裏。

「這，這，這我怎麼說好呢？」老王結結巴巴起來，眼珠兒像兩粒算盤子兒儘在我和月仙的臉上打滾。「不接嗎？又怕兩位見怪；接嗎？實實在在不合老祖宗的規矩。想不到大年夜兩位給我出這個難題目？這，這，這真把我老王考住了！」

「這樣吧，老王，今年我們給你壓歲，明年你給我們壓歲好了。」月仙望著他好笑，想了這個辦法讓他心安理得地收下。

「好，」老王頭一點：「今年我倒拿，明年我加倍。」

第九章 除夕小病月仙急 窗前一樹梅花好

天亮以前，我發起燒來。頭腦暈暈沉沉，非常難過。為了避免驚醒月仙，我咬緊牙關不發出呻吟，因為晚上我們睡得很晏，老王也睡得很晏。

月仙醒來後，看看我的臉色燒得通紅，連忙把手心按在我的腦殼上，臉色惕然一驚：

「怎麼？你病了？」

「只是不大舒服。」我故作平淡地說。

「什麼時候開始發燒的？」她連忙穿衣。天早大亮了，外面又是滿地白雪。」

「有一兩個鐘頭。」

「你應該早點叫醒我。」她又把手心按在我的額上。

「空山，白雪，大年初一，又沒有醫生，何必把你吵醒？」我的頭很痛，但我還是做出一個輕鬆的微笑。

「我們有消炎片，你早點吃下去可能退燒。」說著她就想去拿消炎片。

我握著她的手，沒有讓她走開。我有一個陳舊的觀念，就是鄉下人對於發燒並不當作甚麼了不起的大病，拖它三兩天自然會退，頂多煮點生薑紅糖水，發散發散，也就好了，小孩子甚至為了喝紅糖水倒還希望發發燒，生點小病呢。因此我對她說：

「不要忙著給我吃消炎片，還是先用老法子，煮點生薑紅糖水給我發散一下，百病從寒起，我也許是受了寒？」

「我去問老王，看有沒有生薑紅糖？」她想掙脫我的手，馬上去找老王。

「何必這樣急驚風？」我向她笑道：「放心，一下子死不了的。」

她望著我突然眼圈一紅，悽迷地說：

「大年初一，你怎麼說這樣不吉利的話？」

「妳怎麼也婆婆媽媽？」

「怎麼說也該有個禁忌。」她兩眉微微一皺，仍然做出一個微笑。

「放心，一鋤頭還打我不死的。」我把被子一掀，想坐起來。

她連忙把我按住，把被子蓋好，眼淚都急了出來：

「你何苦逞強？人又不是鐵打的！」

「妳又何必這樣緊張？我也不是豆腐做的。」我替她拭拭眼淚。

她寬慰地一笑，但又笑出兩滴眼淚。她自己用手帕拭拭眼睛，然後又像哄小孩子似地對我說：

「你安安靜靜地睡一下，我去叫老王，看有沒有生薑紅糖？」

「老王昨天晚上也睡得很晏，不要吵醒他。」

「你生病，我想老王會原諒的。」她站了起來，走了幾步，又回頭望望我：「千萬不要起來！」

我點點頭，她才放心走出去。

她走到老王的房門口，「老王——老王——」地叫了幾聲，聲音雖然急切，但很輕柔。過了一會兒，我聽見老王在房裏說：

「什麼事？大年初一，您怎麼這麼早？」

「何先生發燒。」她輕輕地回答。

我聽見老王「吓」了一聲，房子裏一陣響動，門呀的一聲拉開，老王邊扣衣服邊趕到我房裏，一言不發，伸手在我腦殼上一摸，驚訝地說：

「嗯！燙手！」

「老王，有沒有生薑紅糖？」月仙在他身後問。

「我去找找看。」老王返身就走，月仙也跟了出去。

找了半天，大概沒有找到，月仙急了起來，說了聲「怎麼辦？」

「那我得跑趟枯嶺！」老王說。

「大年初一，又是下雪，怎麼能去？」月仙遲疑地說。

「下刀山我也得去！」老王堅決地說。

「那些鋪子裏不一定有人？」

「我會挨家敲門，瞎貓碰死鼠，有時也會碰上一個。」

「那這樣好了，」月仙堅決地說：「你上牯嶺，我跑趟黃龍寺，我們分頭去。」

我聽月仙要去黃龍寺，馬上大聲地阻止她。雪天，她路又不熟，萬一迷了路，那可不是玩的。

老王聽我大聲阻止，也對她說：

「您不能去！萬一牯嶺沒有，我再調轉頭來跑黃龍寺，說不定比您還快？」

月仙沒有作聲，老王趕到我房裏來，對我說：

「何先生，不要著急，我看您是受了寒，發散一下就會好的，我這就去牯嶺，買點生薑紅糖回來，包你出身汗就會好。」

「謝謝你，老王。」我說。

老王搖搖頭，轉身就走。我望望窗外，看見老王把棉袍的前後襬往腰上一掀，用根草繩攔腰一捆，然後兔子下嶺般地直竄直滾下去。

月仙走了進來，從熱水瓶裏倒了一杯開水給我，我口很渴，但開水沒有平日那種清甜的味道（山上的流泉是清甜的，尤其是夏天喝生水，真是清、甜、涼三樣具備），喝在嘴裏像海水。

「幸虧有個老王，不然我真有點著慌。」月仙微喟地說。

「不要慌，我相信我死不了。」我安慰她說。我對自己的生命力有很大的信心，我覺得冥冥中有一種奇異的力量支持我活下去，何況我也沒有到死的年齡。

「你看，」她兩條清秀的眉毛又微微一皺：「你說了好幾個不吉利的字，你應該說你會長命百歲。」

我聽了一笑，她也莞爾一笑。

我把開水喝完之後，她把杯子拿開，輕輕地對我說：

「你好好睡，我去生火。」

我的頭實在暈痛，兩眼一閉，便迷迷糊糊地睡著了。直到老王回來時，我才被他愉快的聲音吵醒。

床面前放了一盆熊熊的炭火，月仙正拿著一個燉藥的瓦罐，把生薑紅糖放在炭火旁邊，抬起頭來向我說：

「是上好的老薑，力道一定很足。」

「虧了老王。」我說。

「老王好像和我們有緣？」月仙端了一把椅子在我床頭邊坐下，望著我一笑。

的確，老王和我們一見面就很投緣，如果是別人，我們相處得可能沒有這麼水乳交融。

我正在這樣想的時候，老王走了進來，他平時絕不走進我們的臥室，今天卻一連兩次。

「何先生，您要不要喝點稀粥？」老王一走進來就問。他的棉袍下襬已經放了下來。

「謝謝你，老王，我還不想吃東西。」

老王停了一會兒，望望藥罐子，點點頭，走了出去。我大聲地對他說：

「老王，大雪天，辛苦你了！」

「您還是那兒的話？」老王回頭向我笑道：「您的事上刀山我也得去！何況是跑趟牯嶺？」

我再想說句什麼，老王一提棉袍下襬，飄然而去。

月仙笑著望了我一眼，把手放在我的臉上。她的手非常柔軟，我的臉燒得發燙。

「你吃過稀飯沒有？」我問月仙。老王沒有回來之前，她似乎就在廚房裏忙了半天，說不定稀飯也是她煮的，但我一被吵醒就看見她在火盆邊替我熬薑湯，我不知道她吃過沒有？

「你不要耽心我。」她低下頭來輕輕地說。

「我是不想吃，妳可不要陪著公子趕考？」我說。

「生病了還想許多心思？」月仙故作微嗔地說。

我的頭暈痛得實在不容許我想太多的事，我閉上眼睛休息一下。月仙看我閉上眼睛，悄悄地走向火盆，看看罐子裏的薑湯。當她一抬起頭來，看見我在注視她，不禁搖頭一笑：

「你真是雞貶眼！我還以為你會睡一下？」

「薑湯好了沒有？」我問。我希望早點喝下去，發散一下，我的頭真的脹痛欲裂。

「開了，讓它多熬一下。」她蓋好蓋子走了過來。

我又閉上眼，這次我真的暈暈沉沉睡著了。

我不知道我睡了多少時間？後來我恍惚覺得睡在搖籃裏，晃晃盪盪；又好像睡在大海上，隨著波浪起伏，有海鷗在我上空飛翔，有白帆從附近飄過。我彷彿聽見催眠曲，又好像是曼妙的輕歌。突然我感到一個大震動，我迷迷糊糊地睜了一下眼睛，發覺月仙的手在我肩上輕搖，她的嘴貼近我的耳邊，輕輕地說：

「醒醒，薑湯快涼了。」

我再用力睜開眼睛，她臉上綻開兩朵微笑：

「你這一覺睡得真好！」

隨即端起一大碗薑湯，放在嘴邊抿了一下，砸砸嘴說：

「快喝，現在剛好，不冷不燙。」

她用一隻手微微托起我的頭，一隻手端著碗讓我喝薑湯。

薑湯濃釅得很，很甜，也很辣，雖然並不燙嘴，卻有一股火辣辣的熱味，喝了大半碗我就不想喝，她像勸新娘子上轎一樣，滿臉堆笑說：

「只有一丁點兒，一口氣就可以喝完，出身大汗就會好的。」

我鼓鼓勁，勉強喝下去。喝完之後，月仙笑著把碗放在椅上，把被子往我頭上一蒙，在我耳邊輕輕地說：

「好好地睡一覺，出一身汗，寒氣就發散了。」

隨後我就聽見她拉攏窗簾的聲音。

不久，我又睡著了。

醒來時一身透濕，彷彿淋了一場大雨，月仙用一條烘熱了的乾毛巾在我頭上擦汗，笑著問我：

「好過一點嗎？」

我覺得全身三萬六千根毛孔完全張開，頭腦不像原先那樣脹痛，只是空空洞洞，人是輕鬆多了。

「土方子好像很有效。」我說。

「藥只要對路，一吃就好。」

「就怕急驚風，遇著慢郎中。」

「剛好一點，就開玩笑？」她拿開毛巾，望著我說。

這時，我才發現房子裏多了一個人，馬蘭正站在火盆邊望著我笑。她看我發現了她，就走到床邊向我拱拱手：

「何先生，我來向你拜年。」

「真對不起，我病了，不能先向你們拜年。」我說。

「你免了吧，我真沒有想到你會生病？」馬蘭說：「剛來的時候，我看你蒙在被子裏面，真駭了一跳。」

「不要怕，現在死不了。」我說。

馬蘭聽了一笑，月仙卻凝眸望了我一眼。

「我爸爸發燒時，你怎麼不告訴我用薑湯？」馬蘭笑著問。

「你們是外國人，吃西藥有效。」

馬蘭惶惑地望著我，月仙輕輕地向她解釋：

「喝薑湯麻煩，吃消炎片簡單，何先生是受了寒，正好對症。」

馬蘭的綠眼珠兒向我一翻，咧咧嘴。

她是什麼時候來的？我不知道。自我醒來之後，她又在我房裏坐了好半天，和月仙談談笑笑。月仙總是微笑，或是輕輕一笑。她的笑聲卻很響亮，而且笑個不停。有時她也和我談幾句，但我的精神不大好，不能陪她多談，往往我塌了板，接不上腔，她一個人也唱不下去，便找月仙對口。月仙也是聽的多，講的少。她一個人總是有說有笑。直到老王進來，她才站起向我們告辭。

「對妳爸爸說，我好了以後就過去向他拜年。」我對她說。

「你不必客氣。」她搖搖頭，金黃的長髮像馬尾般搖擺。

月仙送她出去。老王望著她的背影自言自語：

「敞開喉嚨說笑，那像個女人講話？」

「老王，她進來你該沒有擋駕吧？」我耽心地問。

「要不是她懂得一點禮數，來向您拜個年，我真要她吃尉遲恭的鋼鞭。」他回過頭說。

我聽了好笑。月仙走了進來。

「何先生，您退燒了嗎？」老王這才問我。

「退了。」月仙接嘴，同時走過來把手心按在我的額上，停了一會說：「快退清了。」

「晚上再喝一碗薑湯水睡覺，保險無事。」老王接著說。隨後又問我：「何先生，您餓不餓？要不要吃紅棗粥？紅棗是補氣的，我替您熬一點兒好不好？」

我現在不餓，等一會兒餓不餓，還不知道，因此一時拿不定主意，月仙卻代我回答：

「老王，你熬一點兒好了。」

「老王，你那來的紅棗？」我問。

「嘿！」老王一咧嘴：「還是去年留下來的陳貨，您放心，不是偷的。」

「老王，你怎會做那種事？」月仙笑著說。

「如果何先生真的需要什麼鳳肝龍肉，買不到我也得去偷。」老王故意壓低聲音，做出一個老天真的樣子，又迅速地走了出去。

月仙笑著望望我，我笑著對她說：

「有你們這樣服侍，我真想多病兩天。」

「你別在黃連樹下彈琴，你知道我心裏多急？」她向我一笑，眼圈微微一紅。

我有點後悔不該說這樣的話，她卻走到床邊輕輕地問我：

「要不要聽聽戲？我放幾張唱片替你解解悶？」

本來我很想聽，但我不忍心再麻煩她，我搖搖頭。

「那我唸幾首詞給你聽聽好不好？」

我點點頭，這並不費事，她的記性很好，記得不少好詞。

「我先唸李肩吾的〈清平樂〉如何？」

我的記性很壞，在南宋詞人當中，李肩吾又不如辛棄疾、陸游、朱淑真他們的名氣大，他的〈清平樂〉是不是比別人的好？我毫無印象。既然她能記熟，大概不錯。

「請。」我點點頭。

她聽了一笑，我問她笑什麼？她說：

「你這個『請』字說得像個三家村的酸秀才，酸溜溜的。」

我不禁失笑，她卻輕咳一聲，曼妙地唸了出來：

「美人嬌小，鏡裏容顏好。秀色侵人春帳曉，郎去幾時重到？叮嚀記取兒家，碧雲隱映紅霞。直下小橋流水，門前一樹桃花。」

「直下小橋流水，窗前一樹梅花。」我接著重複後面兩句。

「你怎麼隨便修改前人的作品？」她望著我微笑，帶著三分嬌嗔。

「我不敢那樣放肆，只不過借用一下。」我輕輕地回答：「心園門口不是有小橋流水，窗前不是有一樹梅花嗎？」

她向窗外一望，窗簾遮住了視線，她碎步輕盈地走了過去，掀起窗簾的一角，把頭貼近玻璃向外探望，輕輕哦了一聲：

「哦！雪停了，梅花全開了！」

她在窗邊站了一會兒，又笑著走了過來，讚賞地說：

「梅花開得真好！可惜你不能同我到外面去看。」

「我現在就陪妳去。」我睡得骨頭有點痠痛，真想起來。

「使不得！」她連忙雙手把我一按，輕柔地說：「我去把書桌上的梅花端過來。」

她真的把那瓶紅梅端了過來，放在我床頭邊的椅子上，我立刻聞到一陣撲鼻的清香。

隨後老王又端了兩碗紅棗粥進來，月仙連忙起身去接。粥熬得很爛，紅棗又大又胖，白粥紅棗，看看就很誘人。本來我不餓，看了倒想嚐嚐。

我準備坐起來，月仙怕我受涼，把我的枕頭墊高一點，在我耳邊低語：

「不要起來，我餵給你吃。」

我的胃口不好，只吃了幾口粥，兩顆紅棗，就不想再吃，月仙也不勉強我。

她把自己的那碗粥吃完之後，立刻把碗送進廚房，又替我熬薑湯。

晚上，臨睡之前，我又喝了一大碗紅糖薑水，月仙又把被子蒙在我的頭上，讓我發汗。

我一覺幾乎睡到天亮，醒來又是一身大汗，精神卻很舒暢。我把被子掀開一點露出頭來，月仙連忙用毛巾替我擦汗。她和白天一樣穿得整整齊齊，顯然沒有睡。

「妳沒有睡？」我驚訝地問。

「我看書陪你。」她笑著回答。

「我真不該生病。」

「生病就是生病，還有什麼該不該？」她嗤的一聲。

「妳太辛苦了！」

「我不覺得。」她笑著搖搖頭：「現在是不是舒服一點兒？」

「好多了！」我用力點頭：「我有點餓。」

她把臉貼在我的額上，過了一會兒，抬起頭來高興地說：

「真的！一點不燒了。」

隨即把地板上一個沙鍋，放在炭火上，火盆裏的炭火很旺。

「紅棗粥一會兒就好。」她一面用調羹在沙鍋裏攪動，一面望著我說。顯然那是老王白天留下來的。

吃完了一碗多紅棗粥後，我的精神振奮起來。月仙望著我悠悠地歎口氣，又雙手合十：

「謝天謝地！」

第十章 渾沌沙彌渾沌語

逍遙處士逍遙行

這次的雪下的時間很短，不深，緊接著就是晴天，融化了不少。

休息了兩天，我又健康如常。

初四上午，我和月仙先去馬林斯基那裏拜了一個年，隨即轉到黃龍寺去，我們上次去後一直沒有再去，我們都想看看慧真方丈。

在黃龍寺後面的路上，我們碰見了緣。他在路邊的山上挖冬筍，一看見我們就把鋤頭一拋，三步兩步跳到路邊，擋在我們前面，兩手在大腿上一拍，大聲地說：

「嘿！何先生，您們怎麼這麼久不來？」

「我們怎麼好意思常來打擾？」我說。

「您和師父是好朋友，又不是一般香客，山上的筍子又不要花錢買，您何必見外？」他睜著大眼睛從我臉上轉到月仙的臉上。

「了緣，你不能慷師父之慨，」我開玩笑地說：「米可要錢買，我們把黃龍寺吃垮了怎麼辦？」

「嘿！」了緣嘿嘿地打量我們一眼：「你們那一點點量，吃得垮黃龍寺？」

「了緣，你不當家不曉得艱難，寺裏十幾個和尚，坐吃山空，怎麼還容得我們經常打擾？」

「何先生，你不知道，」了緣向四周一望，壓低聲音：「一個夏天就夠我們吃幾年，那些有錢的闊佬，一出手就是幾十幾百，一杯雲霧茶也會賞個三塊五塊，還在乎您們兩位吃頓便飯？」

「你的口氣倒很不小？」月仙說。

「說真的，我可不是亂開黃腔。」了緣望望月仙，又望望我：「師父常常念您們，您們再不來，挖了筍子以後我還得跑趟心園。」

「有什麼事嗎？」我問。

「太乙莊的顏先生來了。」了緣說。

「是那位當過師長的顏先生嗎？」

「對！」了緣用力點點頭。「您以前聽說過嗎？」

我點點頭。我聽說顏先生北伐時是位很有名的師長，隱居在含鄱口下好幾年了，只是沒有機會見面。月仙聽說有這麼一位高人，也很高興。

「何先生，我真有點奇怪？」了緣突然笑著問我：「顏先生為什麼要丟掉那麼大的官不幹，跑到山上來受苦？」

「這我怎麼知道?」我沒想到了緣會發這種妙問?我對顏先生又知道得太少，實在不知道如何回答?可是由於他這一問，倒提高了我對他的興趣，我看他好像與佛無緣，怎麼當起小和尚來了?因此我反問他：「你又為什麼上山當和尚呢?」

他睜著一對大眼睛對我直視了半天，過後才衝出一句：

「又不是我自己要當的。」

「了緣，誰要你當和尚呀?」月仙同情地問。

「算命的說我八字硬，剋害六親。碰巧黃龍寺要個做粗事的，我父親就託人把我送了進來，就是這麼回事。其實我到現在還不會唸經，不過寺裏又少不了我這個粗人。」了緣像敘述別人的故事似的對我們說。

「你今年多大年紀?」月仙問。

「十六。」

「到黃龍寺幾年了?」

「剛好四年。」了緣右手四個指頭一伸。

「你想不想下山去玩?」我笑著問他。

「想!」他笑著把頭一點，過後又遺憾地說：「可是師父不准。」

「為什麼?」月仙問。

「他說我太野，怕我玩花了心。」了緣坦率地回答。

月仙看他濃眉大眼，粗手大腳，光頭，圓領灰衣，和小野牛一般的身體，不禁好笑。他也望著我們，舐舐嘴巴，傻笑地說：

「我真羨慕您們。」

「我們都是老百姓，又有什麼好羨慕的？」我說。

他望望我，又望望月仙說：

「我不想死後上西天，我只想活著的時候做您們這種地行仙。」

「了緣，你想到那裏去了？你應該好好修行，像你師父一樣，將來才會成正果。」

「說不定我師父是唐僧投胎的？」了緣頭一偏，隨後自嘲地說：「說不定我是豬八戒？怎麼能和他比？」

「你有這樣好的師父，應該好好地跟他修。」月仙說。

「修？」了緣望著月仙傻笑：「千年狐狸也難修成精，前生未修光靠這生修怎麼行？」

「你怎麼知道你前生未修？」月仙笑著問。

「嘿！」了緣雙手一拍：「這還不明明白白？如果我前生修過了，不也和你們兩位一樣？我那會是這個粗人？」

「那你更應該苦修了。」我乘機鼓勵他。

「何先生，您說得容易？」他望著我苦笑：「修起來真難！」

「難道黃龍寺有什麼特別戒規？」月仙說。

「別的我不知道，」了緣說：「單是閉關三年，就要我的命！」

月仙嗤的一笑，了緣卻認真地說：

「您別見笑。一個人關在寶塔裏，三年不見天日，不和外面來往，那怎麼受得了？我一聽見貓叫，鳥叫，心就會卜卜跳！」

月仙掩著嘴笑，我望著他那個大光頭，帶點渾氣的樣子也好笑。我不想和他再扯下去，便對他說：

「你快點挖筍去，不要耽誤了正事。」

他笑著單掌當胸，作了一個出家人行禮的樣子，蹦蹦跳跳地向山上跑去，跑了幾步又回過頭來，雙手做成圓筒往嘴上一套，向我們說：

「剛才我講的話，千萬請兩位不要告訴我師父！」

「你放心，我們絕不會講。」月仙回答。

「阿彌陀佛！」了緣雙掌合十，向月仙一鞠躬，渾氣地傻笑：「功德無量！」

「了緣很有意思，」月仙輕輕一笑：「他實在應該在家裏種莊稼，娶媳婦。」

「如果個個和尚都成正果，那菩薩不是比人還多？」我說。

「你這話也有道理。」月仙笑著點點頭。

我們散步般地走向黃龍寺，剛轉彎下坡時，就聽見後面響起咚咚的腳步聲，我們不禁回頭一望，看見了緣用鋤頭拗著小竹籃蹦蹦跳跳趕了上來。

「你怎麼這麼快？」月仙停步問他。

他把屁股一歪，把籃子歪到月仙面前，大聲地說：

「夠吃兩頓了！」

籃子裏有半籃冬筍，足有十來斤——自然不是這一下子挖的，兩頓不一定吃得了。

「我還是先回去報個信，您們慢慢走。」了緣話音未落，人就飛步跑下坡去。

「這簡直是個黑旋風！」月仙望著了緣的背影，笑著搖搖頭。

我們還沒有走到，慧真就和一位五十來歲，穿著粗藍大布長袍的恂恂儒者從樓上走了下來，我們四人在寺門前那兩棵小寶樹下碰面，慧真替我們介紹，我才知道那位恂恂儒者就是顏太乙先生。

他是長者，又是高人，我自然向他說了一些仰慕的話，月仙也在旁邊幫了幾句腔。我們年齡雖然懸殊，他對我們還是非常客氣有禮。

「我看山上除了黃龍寺的方外人之外，就只我們三個俗人。」顏太乙先生爽朗地笑著說。

我還沒來得及接腔，慧真就搭了上去：

「不，您是高人，他們兩位雖然年輕一些，雅興倒也不淺。只有我們寺裏的和尚辜負了青山綠水，一身俗氣。」

「慧真方丈，」顏太乙先生望著慧真笑道：「人家是指著禿子罵和尚，您倒自己罵自己來了？」

「您們三位又不肯跳到方外來，不住進黃龍寺，您說黃龍寺的和尚怎麼雅得起來？」慧真笑著回答。

「您一個人奪盡了黃龍寺的風水，我們住進來還不是個俗和尚？」我說。

「對！」顏太乙先生拊掌點頭：「何弟臺的話很有道理。」

慧真哈哈大笑，領著我們走上樓去。

顏太乙先生儒雅風趣，不像一個武夫，一襲布衣，更顯示幾分仙風道骨。他的歷史知識特別豐富，慧真告訴我這幾年他在山上專門讀史，宋史，明史更有心得。我雖無經世雄心，但聽他娓娓道來，也很有趣。他數歷代興衰事實，如數家珍，可是不加一字褒貶，這份修養功夫，連慧真也極為歎服。我更有「與君一席話，勝讀十年書」的感覺。

了緣不時替我們泡茶加水，他的泥手已經洗得很乾淨，但手上的皺口和魚鱗般的黑殼卻無法洗掉。他對我和月仙相當親切，不時發發渾笑。

慧真招待我們的這頓午飯，豐盛得很，很像吃春酒，不過全是素菜，以茶代酒。

飯後，慧真陪我們在黃龍寺附近散步、聊天。

顏太乙先生住在含鄱口下面，比我們遠，散步了一陣，他先向慧真告辭，我們也跟著告辭。

「這不是夏天，寺裏沒有香客，您們不妨常來？」慧真說。

「您招待大施主的飯菜，都給我們白吃了，划不來。」顏先生風趣地說。

「貧僧就喜愛拆東牆補西牆，歡迎您們三位白吃。」慧真笑著回答。

「那我們就住進黃龍寺來，把你吃垮！」顏先生望望我們向慧真微笑。

「黃龍寺的竹子粗得很，那我夏天多敲幾竹槓好了。」慧真指指滿山的竹子笑著回答。

顏先生大笑，一提手中七彎八拐的籐杖，邁步就走。慧真向他一合十，一低頭，又向我和月仙輕聲細語地說：

「您們路近，應該常來。」

我們點點頭，他又雙手向我們當胸一合，這才分手。

顏先生停在前面等我們，我們還可以同一段路。

他雖然已經五十來歲，走起路來卻健步如飛。他發覺月仙有點跟不上，才放慢腳步。

「今天幸會你們兩位，使我非常高興。」他回過頭來對我們說。

「我們比您更高興。」我說。

「山上寂寞得很，以前只有慧真和我來往，以後歡迎你們去太乙莊玩。」

「得空我們一定去拜訪。」月仙說。

「我們最好不拘形跡，我不會下帖子請你們，你們也可以要來就來，要去就去。」顏先生說。

「這樣最好。」我和月仙同聲說。

到交蘆橋時我們分手，沒有什麼客套。他向南走，粗藍大布長袍，衣袂飄飄，令人神往。

「這真是一位隱士高人。」月仙望著他飄飄的衣袂說。

「不上廬山就碰不到。」我說。

「富貴中人能在山上一住幾年，真不容易。」

的確，他和慧真不同，慧真跳到方外去了，胸中無牽掛，黃龍寺就是他的極樂世界；他也和人仰不同，人仰只是夏天來享享福，不到交秋就下山了。他卻一直住在那個比黃龍寺偏僻冷靜多了的含鄱口下，連夏天都很少人去。

「他能在山上住下來，我們更應該沒有問題。」我說。

「我們當然沒有問題，只怕了緣住不下去？」

「如果黃龍寺有個小尼姑，他就會住得下去。」我開玩笑地說。

月仙嗤的一笑。

第十一章　參天樹木啾啾鳥　短袖春衫碩碩人

「啾，啾，啾！啾，啾，啾！」

一陣輕快的鳥聲，將我從夢中叫醒，上山以來，第一次聽見這樣愉快的鳥聲，我也不禁心花怒放。我正想把月仙搖醒，她已慢慢睜開眼睛，臉上展開一絲微笑。這時又是一陣啾啾的鳥叫，她狂喜地把我一搖，笑容滿面地說：

「春天來了！春天真的來了！」

我一躍而起，她也連忙穿衣，我們同時趕到窗口向外一望，發現一對比麻雀還要小一倍以上的灰黃小雀，在嫩綠的梅樹枝葉間跳來跳去。梅花已經謝了，嫩葉還未完全長成，那兩隻小鳥看來比嫩綠的梅葉大不了多少，如果牠們不在那上面跳來跳去，倒真不容易發現。

「真奇怪！這種小不點兒雪天怎麼沒有凍死？」月仙笑著問我。

「最好問她們。」我指著那兩隻跳跳蹦蹦的小鳥說。

月仙啞然失笑，過後又自言自語：

「不知道牠們冬天躲到什麼地方去了？」

「我也想這樣問。」

「可惜牠們不會講話，不然請牠們進來。」

「牠們在樹上跳來跳去，比在房子裏快樂。」

牠們在枝葉間尋尋覓覓，發出愉快的叫聲。直到竹林裏面飛來一對畫眉般大小的漂亮的黃鳥，才把牠們駭跑，轉眼間就不知道牠們鑽到什麼地方去了？

這對漂亮的黃鳥，一落到梅樹頂上，就展開翅膀愉快地鳴叫，牠們的聲音更加清亮悅耳。牠們在樹上盤桓了很久，在枝葉間尋尋覓覓，東看看，西啄啄，又歪著小腦袋望望我們，最後翅膀一撲，雙雙飛去，飛到一棵大樹上去了。

牠們飛走之後，月仙悠然微笑，望著我迷惘地說：

「怎麼春天不知不覺地來了？」

「如果它先通風報訊，豈不洩露了天機？」我說。

「我以為兩位還在享福，想不到站在這裏看風景？」老王拿著掃帚走進院子，發現我們站在窗前，笑著接嘴。

「老王，我們被鳥兒叫醒了，」月仙說：「那聲音真好聽。」

「這不過是大初一過年，熱鬧還在後頭呢！」老王扶著掃帚柄說。「一到正春，鳥兒可多啦！」

「老王，有些什麼鳥兒？」月仙問。

「牠們又沒有譜兒，我可叫不出名堂來，反正牠們的祖宗多，子孫也多。」

「老王，你看過那種比麻雀還小，比大拇指大不了多少的小鳥沒有？」月仙問。

「怎麼沒有見過？」老王把頭一昂說：「去年還在梅樹上做窩呢。」

「你知道牠叫什麼名字？」

「嘿！那種小不點兒我怎麼知道？說不定所有上廬山的人都叫不出個名堂來？您也只管看看好了，犯不著花那麼大的心思。」

「老王，我不過是隨便問問，並不想查牠們的族譜。」

「今天天氣暖，我勸兩位還是出外走走，說不定見識的東西更多？粥我已經煮好了，兩位先洗臉，我掃掃院子馬上就來。」

老王說完之後就低頭掃地。我和月仙逕自去廚房洗臉。我們漱洗完畢時老王真的趕來了。今天早晨老王煮的是冰糖蓮子粥，這真有點使我們喜出望外。老王壓箱底的寶貝都翻出來弄給我們吃了。

飯後，月仙脫掉長大衣，換了一件黑色短大衣。我也脫掉裏面一件襯襖。這是上山以來出門時第一次減少衣服，我們兩人都感到一身輕鬆。

老王看見我們輕鬆愉快，他也顯得非常高興。他看見月仙的士林布藍旗袍上罩著黑短大衣，不禁蹉著方步讚賞地說：

「這身打扮的確大方脫俗，真的山是山，水是水，一點也不含糊。」

月仙聽得噗哧一笑，我也好笑，老王卻一板正經地說：

「我老王說的可不是奉承話。衣服不論好壞，就是要配，有些太太小姐們穿得再好，看來總是彆彆扭扭，不是味兒。」

「老王，我也是隨便穿穿，何嘗考究過配不配？」月仙說。

「好就好在這裏，自然。」老王說。

「好，老王，言歸正傳，我們出去了。」我連忙墊上一句。

「您們到底上那兒？最好留個話兒。要是冷，我好給您們送衣服去？」老王說。

「老王，我們只是隨便走走，不必麻煩。」月仙回答：「真冷，我們自己回來。」

「小心，可不要再著涼？」老王望著我又叮嚀一句。

「謝謝你，老王。」

想起大雪天他替我跑牯嶺的那番盛情，我不能不說聲謝謝。

「老王，我們出去了。」月仙挽著我向老王招呼了一聲。

「廬山的春天最好，你們應該多出去玩玩。」老王身子一躬把我們送了出來。

在雪天，小木橋下的澗水和鵝卵石一般堅硬，現在卻像復活了似的潺潺地流，發出輕微的細語般的聲音。當我們踏上小橋時，月仙突然停了下來，把我拉住，指著下面的流水說：

「你看這水多清?好像一塵不染。」

「山上的水都是這個樣子，黃龍潭、三疊泉也是一樣的清。」我說。

「這水真清的愛人。」月仙留戀地看了幾眼，才擁著我走過小橋。

樹木竹子也嫩綠得特別可愛，尤其是那些剛剛長出一點綠葉的樹，像穿上新衣的情竇初開的少女，充滿朝氣又帶著幾分羞怯，同時以好奇的心理窺探這個世界。

鳥兒也不知道是怎樣多了起來?幾乎每一棵大樹上都有三兩隻，牠們是那樣的快樂，不停地啾啾叫。有的高吭得像女高音，而且不時耍幾個花腔；有的相互梳理羽毛，輕聲細語，好像有說不完的情話、訴不盡的相思。

我和月仙沿著溪澗邊的黃沙路散步，黃沙很細很軟，走在上面十分經柔舒服。我們像走進夢中的王國，走上夢中的樂土。除了樹上啾啾的鳥聲和澗中潺潺的流水，為我們伴奏以外，沒有任何干擾。

「黃龍寺的和尚何苦一心追求西天樂土?其實這才是真正的人間樂土。」月仙輕輕地碰碰我說。

「除了慧真一個人能領略此中情趣之外，其餘的和尚恐怕不但不能到達那個渺茫的極樂世界，反而辜負了眼前的青山綠水。」

「還是顏太乙先生真懂得人生，他既視富貴如浮雲，也不出家苦修，以書和青山作伴，自得其樂。」

「所以慧真稱他為高人。」

「我們去看看他好不好?」月仙搖搖我。

「不忙,」我說:「等天氣再暖一點,我們去遊山南五大叢林時,再順便去太乙莊看看他。」

我們正談話間,突然聽見後面一聲快樂的呼叫。我和月仙同時回頭一望,馬蘭正自坡上向我們跑來。她穿著肉紅色的毛線衣,淡灰色的西裝長褲,更顯得碩人頎頎。

我們停下來等她,她很快地跑了過來,笑著問我們:

「你們上那兒去?」

她呼吸有點急迫,胸口一起一伏。

「隨便走走。」我說。

月仙摸摸她的臂膀,笑著問她:

「妳怎麼穿得這樣單薄?」

「今天天氣暖,我不冷。」她搖搖頭說。她的黃頭髮在陽光下閃閃發光,像一條金色的瀑布,向背後流瀉下去。

鳥兒從這棵樹飛上那棵樹,喜啾啾地飛來飛去。馬蘭歪著頭望著牠們,嘴裏也啾啾地叫,手舞足蹈。然後兩臂一張,身子一旋,旋了兩個美妙的圓圈,一把抱住月仙,在她臉上親了一下,哈哈大笑。

「妳怎麼這樣瘋瘋癲癲？」月仙無可奈何地笑著說。

「我太高興了！」她雙腳輕輕一跳。

「妳看，妳的頭髮披的像隻獅子？」月仙指指她披肩的長髮說。

她立刻把披散的頭髮向後一拂，從褲子口袋掏出一條手帕，在後頸窩那個地方繞了一個圓圈，用力一繫，笑著問月仙：

「這樣好不好？」

月仙愛惜地摸摸她金黃的長髮，點點頭說：

「這像一條馬尾巴。」

「我就是不會梳妳這樣的頭。」她摸摸月仙的黑髮。

「妳不必和我一樣，」月仙笑著搖搖頭：「妳今天這身打扮就很漂亮。」

她聽見月仙說她漂亮，兩腳又輕輕一跳，同時望了我一眼。

月仙向我示意，我也讚美了她兩句。她高興得把我們兩人一抱，輕輕地說：

「你們真好！」

我們沿著溪澗邊散步，不知不覺走過了交蘆橋。

太陽像千萬隻溫暖的手，摸在身上溫暖輕柔。谷地平靜無風，滿山嫩綠，盈盈欲滴。

也許是這條路走熟了的關係，我們又轉到黃龍寺後面來了。

黃龍寺的竹子真是又大又粗，濃密的竹林幾乎把黃龍寺三面包圍起來，老竹子一片蒼翠，春筍像打野外的士兵，遍山都是，有的剛剛爆出潮濕的泥土，有的露出地面四五寸，甚至一尺多高。每一棵竹筍都是上尖下粗，彷彿奇峰突起，連路上都是。

月仙禁不住蹲下去用手摸摸腳邊的一棵竹筍，馬蘭對她說：

「拔起來好了，長大了礙路。」

「妳拔拔看？」月仙笑著站開。

馬蘭用腳輕輕一踢，竹筍應聲而斷，月仙連忙俯身拾起，看看雪白的筍肉，用指甲一掐，說了一聲：「好嫩！」隨即把筍子交給馬蘭。

我們發現了緣坐在路邊。他把扁擔架在兩隻竹籮上面，自己坐在扁擔中間，撐著下巴，昂著頭，兩眼呆呆地盯在一棵樹上。起先我們不知道他看些什麼？走近了一點才發現那棵樹上有兩隻漂亮的鳥兒，併排站在枝上，互相梳理羽毛，親親小嘴，啾啾地叫。月仙望望了緣向我一笑，他才如夢初醒地回過頭來看看我們，霍地跳起，咧開嘴巴：

「何先生，您們又有好久不來了？」

我點點頭。

「了緣，你又在挖筍？」月仙看看那滿滿的兩籮竹筍欣喜地問。

「嗯！這是春筍。」了緣也點點頭。隨後又望望馬蘭，自言自語：「這位香客好像沒有見過？」

「這是馬小姐。」我對他說。

他哦了一聲，單掌當胸，作了一個樣子。馬蘭不知道他那個動作是什麼意思，沒有理會。他放在胸前的右手也遲遲沒有放下，兩眼出神地望著馬蘭的胸口。月仙笑著向他輕聲地說：

「了緣，你怎麼這樣看人？」

他臉一紅，連忙把手放下。低著頭，抓起扁擔，放在手肘上，托了幾下，遮掩遮掩。

月仙看了好笑，我故意用話岔開：

「了緣，這擔筍子有多重？」

「呵！」他故意用力一托：「總有百多斤。」

「你的力氣倒真不小？」月仙笑著說。

「我只有幾斤蠻力。」他笑著回答。

「你這麼小就當和尚？」馬蘭奇怪地問他。

他驚奇地咦了一聲，似乎是沒想到馬蘭也會講中國話，他又出神地望了馬蘭兩眼，然後粗聲大氣地說：

「我已經不小了，我叔叔就是我這麼大圓房的。」

馬蘭不懂圓房兩個字是什麼意思，睜著一對綠眼睛望著他。我和月仙不禁失笑。

「你們不要見笑，跨過年來我十七了。」了緣認真地說。隨即把扁擔往肩上一放，腰一彎，把一擔竹筍挑了起來，在肩上閃了兩閃，又向我和月仙說：

「我先走一步，向師父報個訊。」

「了緣，不要報訊了，」我搖搖手：「這次我們不想打擾。」

他望望馬蘭，又望望我和月仙，突然把擔子一放：

「您們真的不想到寺裏玩玩？」

我搖搖頭，月仙對他說：

「你代我們問候師父一聲，我們改天再來看他。」

「那您們帶點筍子回去做菜。」說著他就伸手到籮裏去拿。

我和月仙不肯接受，馬蘭把手中的筍子一揚：

「有了。」

他又把擔子挑在肩上，閃了兩閃說：

「筍子不是什麼珍貴的東西，路邊多的是，我不勉強，您們隨便拿好了。」

我向他揮揮手，他邁開大步就跑，扁擔壓得吱呀吱呀叫。

「了緣真像一頭小牛。」月仙說。

「說不定將來可以媲美魯智深，倒拔楊柳。」我說。

「你怎麼把他比那個花和尚？」月仙向我瞋笑。

「花和尚才有意思。」我說。

「花和尚是什麼意思？」馬蘭問我。

「花和尚是人，」我說：「和我們一樣，歡喜看花開，聽鳥叫……。」

「那有什麼不好?」我還沒有說完，馬蘭就打斷了我的話，搶著說。

月仙望著我笑，又輕輕地對馬蘭說：

「妳不要信他胡扯。」

馬蘭茫然地望著我們兩人。

了緣挑著重擔走得更快，像兔子下嶺似的往下真竄，我真耽心他會摔倒，可是他卻平安無事地轉到那兩棵小娑羅寶樹下面，把擔子放了下來，那裏已經堆了很大一堆竹筍了。

我和月仙望見他，馬蘭也望見他。當馬蘭由那兩棵小娑羅寶樹而望見那兩棵大娑羅寶樹時，她顯得十分驚喜。它們不但比別的樹高大，也比別的樹更青更綠。它們旁邊的那棵大白果樹，也長了嫩綠的葉子，綠得也格外好看。

一對褐色的杜鵑從那棵最高的寶樹頂上直飛過來，從我們頭頂掠過，牠們一路飛過來，一路叫過去。

馬蘭天真地學著牠們鳴叫，月仙卻愉快地低聲曼吟：

萬壑樹參天
千山響杜鵑
山中一夜雨
樹杪百重泉

第十二章 太乙山莊神仙侶 處士夫妻妙語頻

朦朧中我彷彿嗅到一股青甜的植物氣味，我像在滾動著露珠的青青草地上散步，又像在幽深的竹林中獨坐，新鮮的空氣中洋溢著青甜的氣息，不禁心曠神怡。

一陣清亮悅耳的鳥聲，急急風似地傳進我的耳裏，我睜開朦朧的眼睛，月仙正坐在床沿向我微笑，她手裏拿著一棵肥嫩的竹筍，將雪白的筍肉湊近我的鼻尖。

「好不好聞？」她笑著問我，又把竹筍放近自己的鼻尖嗅嗅。

「有股青氣。」我說。

「還有點兒甜味。」她又把竹筍湊近我的鼻尖。

「妳在那裏弄來的？」

「院子裏拔的。」她笑著說：「一夜春雨，籬笆邊上爆出好多筍子，這是一棵最大的。」

「妳怎麼起得這麼早？」

「鳥兒比我起得更早，還沒有天亮牠們就啾啾叫。」她指指窗外的樹林竹林。啾啾的鳥聲又急管繁絃地在樹林中響了起來，此起彼應，綿綿不絕。

「這樣我們睡不成懶覺了。」我說。

「如果不是牠們，我們會睡得像蠶兒眠樣。」月仙一笑，隨即把筍子放在桌上，把長袍遞給我。

我穿好衣服，和月仙走到院中，呼吸更新鮮的空氣，這是我們每天的第一課。

筍子真的在院子裏爆出來，多半是剛剛探出頭，把潮濕的泥土掀開，露出一點筍尖。

梅樹已經綠葉滿枝了。

天氣很好，碧空如洗，山下氣候暖些，可能更是春光明媚，我想先到山南去趕最好的春光，再回到山上看繁花滿樹，這樣整個的春光我們都可以抓住了。

當我把這個意思告訴月仙時，她滿臉歡喜。老王聽說我們要到山南去玩，連忙放下掃帚，準備開飯。

「老王，不要急，我們不是進京趕考，慢慢來。」我說。

「早一點你們可以玩兩個地方——棲賢寺和白鹿洞，不然就只能玩棲賢寺了。」老王說。

「我們要去太乙莊看看顏先生，今天不打算去白鹿洞。」我說。

「那倒來得及。」老王點點頭。隨後又問：「要不要我陪兩位去？」

「不必，」月仙笑著搖搖頭：「我們不止玩一天兩天，你留在心園好了。」

「這也對！」老王頭一點：「我除了能替兩位提提東西之外，還不是瞎子看花燈——白逛！」

月仙輕輕一笑，又連忙解釋：

「老王，我可不是這個意思。」

「我知道您沒這個意思，」老王望望月仙又望望我：「說實在的，五老峰、仙人洞、黃龍寺，我都去過，還不是和那些抬轎的一樣，白跑一趟？」

「老王，我去了黃龍寺好幾次，也是白跑。照你這樣說，我真不敢去玩了！」月仙說。

「話可不是這樣說，」老王摸摸下巴：「您們讀書人可以捕風捉影，做詩畫畫，遊遊山，玩玩水，心裏自然開朗些；我老王就是碰著一隻大山貓，也只駭一跳，出一身冷汗！」

我哈哈大笑，月仙扶著梅樹笑彎了腰。

老王卻提著掃帚走進廚房，走到廚房門口才回過頭來笑著向我們說：

「吃飯了，不要忘記下山。」

我拉拉月仙，連忙趕到廚房洗臉。

今天早晨多了一盤炒筍丁，一向吃慣了豆腐乳花生米下稀飯，換了一樣新鮮菜，胃口大開，筍子嫩，老王炒得也好。他看我們多吃了一碗稀飯，也很高興。

我們下山應用的東西，月仙都收拾在一個小皮箱裏，為了適應山下的氣候，我們的衣服也穿得比較少。

承老王的好意，他一定要送我們一程，替我們提著小皮箱，我自然不便堅拒。

我們走過小橋時，被馬蘭望見，她匆匆跑了過來，十分驚訝地問：

「你們到那兒去？」

「下山。」我說。

「下山？」她兩眼睜得大大的：「還上不上來？」

「我們只是下去玩幾天，自然會上來。」月仙輕輕地對她說。

「我就怕你們不上來！」馬蘭耽心地說：「那我真寂寞死了！」

「如果我們離開山上，自然會向你辭行的。」月仙摸摸她的頭髮。

她寬慰地一笑，用那對綠眼珠兒溜了老王一眼，輕輕地對月仙說：

「對不起，我不送了。希望你們早點回來。」

月仙點點頭。她又望了我一眼，然後一溜煙地跑回去。

「看樣子這小洋婆子和您們很有交情了？」老王望望馬蘭的背影說。

「老王，慢慢地你也會和她有交情的。」我說。

「我老王絕不和洋鬼子交朋友，尤其是洋婆子。」老王搖搖頭說。

「老王，你這麼一把年紀了，又不和她談戀愛，礙著什麼？」我開玩笑地說。

「何先生，您開玩笑？」老王望了我一眼：「我老王還談什麼相好？她就是和我一樣老，我們也談不來。」

「老王，馬蘭人很好，倒不妨交個朋友。」月仙說。

「呵！我的皮膚黃，她的皮膚白，我太大，她太小，我是男，她是女，我們隔了千重山，交不上。」

月仙笑著搖搖頭。

老王已經送我們走了不少路，我從他手裏接過小皮箱，要他回去。

「何先生，遠路無輕擔，我怕您提不動，讓我再送一程好了。」老王站著不肯走。

「老王，你放心，我會幫著提。」月仙說。

老王望著月仙搖搖頭：

「這不是三兩步路，我看您是泥巴菩薩過江，自身難保。」

月仙不禁失笑，老王又對我說：

「何先生，您們一向肩不挑，手不提，不要累著了，玩就玩個痛快，路上不妨請人提提，鄉下人力便宜。」

「老王，我知道，謝謝你的關照。」我說。

「好，一路順風，我不送了。」老王身子一躬，這才轉身回去。

風和日麗，鳥聲啾啾，一些不知名的鳥兒在樹上跳來跳去。入冬以來牠們大概很少看見行人，有的受驚地突然從我們身旁的灌木林中撲撲地飛起，牠們駭一跳，月仙也駭一跳。

「假如遇著老虎怎麼辦？」月仙指指蘆葦雜草交錯的灌木林，笑著問我。

「和老王一樣，駭出一身冷汗。」我說。

「那有什麼用？牠還是會吃我們的。」

「那我們和牠講講交情，奉承牠幾句好了。」

「瘋話。」她嗤的一笑。

蘆林是個壑地，未開發之前，蘆荻成林，老虎最歡喜這種地方，現在雖然蘆荻少了，成為名勝地區，而此刻只有我們兩人行走，四顧無人，我也有點耽心，暗中加快腳步，月仙跟得有點吃力，笑著問我：

「你怎麼走得這麼快？」

「我不是武松，如果真遇到老虎，我們是不是自己鑽進虎口去？」我也笑著問她。

「牠沒有那麼大的肚子，讓我一個人鑽進去好了。」

「那我們同時鑽進去，脹死牠！」

她笑著望了我一眼，緊緊地跟著我，不敢落後。走到橫門口，我們才放慢腳步。

箱子雖不大，提久了倒真有點沉手。我把它掛在籐杖上，往肩上一揹。

走到含鄱口，眼界突然為之一開。鄱陽湖和藍天一般顏色，平靜如鏡。湖上白帆片片，湖中一脈遠山，浮在湖的上面，矗立不動。雲的地位比我們低，我們可以清楚地看見藍色的湖，藍色的天，看見陽光照在白雲上面。

「哦！真美！」月仙驚喜地叫了起來，把我拉住。「我們在這兒坐一會兒。」

我把箱子放了下來，隨著她在青石板的石級上坐下。

我們左面是五老峰，右邊是太乙峰，五老峰只能看見它們的背脊，太乙峰卻高高聳起，像個大犁頭尖，青翠欲滴。棲賢寺在山麓，躲在參天古樹中，露出一角紅牆。山下的田像數不清的棋盤格子，有的正在春耕，有的卻開著油菜花，一片金黃。

「難怪顏先生不愛榮華富貴，要在這裏隱居。」月仙望望我說。

我提起小皮箱，把她拉了起來，太乙莊就在前面不遠的地方。那排古松之下的一座茅屋，十之八九是太乙莊。

一下含鄱口，都是清一色的青石板路，路面寬，也不像好漢坡那麼陡。

太乙莊離路邊不到兩百公尺，路邊有個茅草亭，亭邊有一條小路直通那座茅屋，我們沿著這條小路走進去。

蒼翠的古松發出輕吟，屋邊的山坡上種了蠶豆豌豆，正開著藍紫色的花，一個短裝戴著草帽的人正拿著鋤頭低著頭在蠶豆中鋤草，我不知道那是不是顏先生？不敢叫他。突然一隻黑狗從茅屋裏衝叫出來，他才抬起頭來望了我們一眼，馬上笑著走了過來，邊走邊說：

「我說今天早晨怎麼喜鵲叫？原來是你們兩位駕到！」

「我們來得倉促，恕我們沒事先通知。」我說。

「這樣最好，」他握著我的手笑著點頭：「裏面坐，我沒有好招待。」

黑狗在我們前面蹦蹦跳跳跑了回去，一位和顏先生年紀差不多的戴著老花眼鏡的老太太走到門口來，滿臉笑容地歡迎我們，顏先生替我們彼此介紹了一下，她笑容可掬地說：

「稀客！真是稀客！」

「打擾您們了。」月仙和顏太太客氣了一下。

「不，」顏太太慈祥地說：「顏先生老早就向我提到你們兩位，我真想見見你們，左等右等今天才大駕光臨，早知道我會上含鄱口去接的。」

「那怎麼敢當？」月仙望了她那雙小腳一眼。

「您不知道我在太乙莊多寂寞？」顏太太向月仙風趣地一笑，又指指顏先生說：「自從他發瘋當隱士起，夏天都不願意見客，這種日子，更沒有人來，害得我老太婆天天眼睛望著鼻子，轉來轉去也轉不出這三間茅屋。」

顏先生打著哈哈，我和月仙也忍不住笑了起來。

「你還好意思笑？」顏太太望了顏先生一眼：「要是我開了小差，看你還隱不隱得下去？」

顏先生大笑起來，也打趣地說：

「綠水總是繞著青山轉，我們老夫老妻，妳還好意思鬧小差？」

「為了陪他當隱士，兒子女兒都丟在南京，你們兩位評評看，還夠不夠交情？」顏太太笑著向我們說。

顏太太的話簡直使我們笑得喘不過氣來，還能夠替她評個什麼理？她不待我們答覆，又笑著對顏先生說：

「他們兩位稀客，我要好好地招待一番，你去捉隻雞殺吧！」

聽說她要殺雞，我們怎麼敢當？我連忙阻止，說要到棲賢寺去。

「到棲賢寺去吃了午飯也來得及，」顏先生說：「我本來想留你們兩位住一夜，既然你們要下山，我們也不勉強，不過飯總要吃一頓。」

顏太太聽說我們要下山，飯也不想吃，馬上拉著月仙的手說：

「妳可要給我一點兒老面子，這頓飯非賞光不可。」

月仙望望我，然後向顏太太說：

「飯我們叨光，雞可不能殺。」

「雞是我自己養的，顏先生是做隱士，又不是當和尚，殺一隻雞也只有那麼大的罪過，讓他一個人承當好了。」

顏太太的話又使我們發笑。顏先生卻接著說：

「我倒不假慈悲，也不怕下阿鼻地獄，不過雞在山上，捉不捉得到？這就要看你們兩位的口福了。」

我要他不必麻煩，顏太太卻笑著向我說：

「他還沒有老掉牙，讓他在山上跑跑也好。」

顏先生卻把我一拉，笑著對我說：

「老弟，你幫幫我的忙，她是存心要我出醜。」

我被顏先生拉了出來，月仙也跟著出來。

雞在蠶豆禾裏找蟲吃，大小有十多隻，月仙看牠們那麼可愛，笑著對顏先生說：

「顏先生，不要驚動牠們，我們心領了。」

「難得妳這番善心，我交不了差怎麼辦？」顏先生望著她說。

「我會對顏太太講。」月仙笑著回答。

「那我就留著這條老命多活幾年好了。」顏先生風趣地說：「你們可不要見怪？」

「您們的盛意我們已經感謝不盡了。」月仙說。

「好，我們別再客套了。」顏先生向月仙搖搖手道：「兩位看看這裏的山水如何？」

他們的房屋後面有排古松，前面是一片竹林，兩邊有點坡地，種了蠶豆、豌豆和青菜，坡地外面是杉樹和嵯峨的青石，五老峰是左衛，太乙峰是右衛，站在門口就望見鄱陽湖，實在是一個很理想的地點。

「顏先生，你住在這裏實在享盡了人間清福。」月仙環顧了周圍一眼，笑著說。

「如果沒有我那個老伴兒，我也住不下去。」顏先生向房裏一指，輕輕地說：「一個人總太寂寞，清福也不好享。」

「顏太太妙語解頤，你們兩位真使名山生色不少。」月仙說。

「我託她父親的福，她是翰林的女兒，肚子裏倒裝了不少骨董，真可以使我化痰消氣。」顏先生欣慰地說。

我們在外面談了一會兒才回去。顏太太看見顏先生兩手空空，一根雞毛也沒有，打量了他兩眼，笑著問他：

「你真是老了還是想留著自己煨湯喝？」

顏先生笑而不答，月仙連忙替他解釋。顏太太慈祥地對她說：

「下次您們來時先通知我一聲，我一定關一隻肥雞在籠子裏等您們。今天只好怠慢了。」

顏太太不但把三間茅屋收拾的乾乾淨淨，飯菜也弄得非常好，味道不輸於黃龍寺的。

我們為了早點趕下山去，吃過飯就向他們告辭。顏先生和顏太太雙雙相送，顏太太是小腳，走路像風擺柳，我們不敢要她勞步，她和月仙似乎依依不捨，堅持要送到草亭為止。

因為她走得慢，我們也不敢快，而且她和月仙絮絮不休，彷彿三天三夜也講不完似的。

顏先生走路是急如風的，他看她那麼搖搖晃晃，打趣地說：

「我看妳這雙三寸金蓮，搖搖擺擺，要搖擺個好半天，還是留守太乙莊吧？」

「我要是有她這雙天足，早開了小差了，你還想我留守太乙莊？老頭兒，你一個人隱吧！」顏太太笑著拍拍月仙的肩說。

顏先生望著我們搖搖頭。我和月仙不禁失笑。

我們在草亭旁邊分手，我和月仙向棲賢寺進發，顏先生雙手攙著顏太太一步一步地走回太乙莊。

「他們兩人真好！」月仙望望他們的背影笑著向我說。

第十三章　能印話語機鋒露
守貞色相眼波橫

從太乙莊下來，青石板的石級坡度不大，相當平坦好走。只是氣候暖一點，加上提了一口小皮箱，身上有點冒汗。

月仙看我額上冒汗，以為我累了，她伸手接皮箱，我笑著說：

「老王說妳是泥巴菩薩過江，自身難保。我不累，還是由我拿。」

「你也別充好漢，你看你頭上在冒汗。」她指指我的頭。

「妳放心，我沒有顏先生那把年紀，這口小皮箱還提得起。」

「下了山我們還是雇個人提提，免得自己費力。」

「下山再看好了。」

山上是雇不到人的，從心園出發到現在，路上就沒有碰到一個人，山下是不是雇得到人？也很難說，因為鄉下人正在春耕。

經過息肩亭時，我們停了下來。這是一個石亭，石柱石凳，旁邊有一棵高大的古松，雖然今天風和日麗，它也發出輕吟，如果是在秋冬季節，一定會發出懾人的濤聲。

我放下箱子，月仙從腋下抽出手絹，替我擦擦額上的汗。一坐下來就遍體生涼。

「要是在夏天，這裏一定風涼得很。」月仙說。

「可不是?這是一個過風亭。挑擔上山的人在這裏歇歇肩，不勝過吃冰淇淋?」

「還沒有到夏天，你就想到冰淇淋?」

在山下，每逢夏天，我就愛吃冰淇淋，並不是用它解渴，只是愛那種冰甜的味道。在山上就不會想到那種東西，泉水就夠清涼了，而且十分解渴。

在息肩亭坐了不到十分鐘，身上就有點冷，我們又繼續向下行走，經過大石頭，就進入獅子口。獅子口兩峰對峙，形勢險峻。出口處溪流急湍，水跌在青石上，發出轟轟的聲響，和銀色的水花，這就是三峽澗。沿澗下行進入棲賢谷，棲賢寺就座落在棲賢谷底。

棲賢寺周圍古木參天，濃蔭蔽日，多是松柏樟之類的喬木。寺很雄偉，紅色的圍牆，顏色有點斑剝。

我們從西邊的月門進去，一進門就看見舍利石塔。

棲賢寺歷史悠久，建立於南齊，原名七賢寺，後因李渤曾在這裏讀書，才改為棲賢寺。宋朝重建時，蘇轍還寫了一篇記。那時的規模更大，現在的寺是咸豐兵燹以後再建的。

寺裏的羅漢塑像很多，據方丈能印說，康熙時名家許從龍畫了五百羅漢圖兩百軸，寬五尺，長一丈四，像大的三四尺，小的一尺多，五百羅漢沒有一個相同，他手裏還保存了一百一十九幅。我們請求他拿出來看看，他怎樣也不答應。

「羅漢圖和舍利子都是棲賢寺的寶貝，兩位雖是稀客，貧僧也不敢相示。羅漢圖尤其容易散失，歡喜畫的人總是千方百計來謀，所以到上一屆方丈交給我手裏就只有一百一十九幅了。」能印說。

「方丈您請放心，」我笑著對他說：「我們是來參觀的，不是來謀畫的。」

「請您不要見怪，」能印向我雙手一合：「每一位施主都是這麼說，可是看著看著他就袖在袖子筒裏帶走了，我初來就抓到這麼一位順手牽羊的雅賊，所以我再也不敢拿出來。」

我和月仙不禁失笑，能印也打趣地對我說：

「像檀越這樣長袍大袖，袖幅把畫走那還不容易？」

月仙噗哧一笑，我笑著對能印說：

「方丈，我剛到貴寺來，您怎麼把我當賊？」

「得罪！得罪！請檀越海涵。」能印笑著回答。「貧寺好久沒有客來，貧僧也寂寞得很，難得兩位檀越上門，恕我方外人出言無狀。」

我覺得這位和尚也很風雅，和黃龍寺的慧真年齡不相上下，我便問他認不認識慧真？他連忙點頭：

「認識，認識！熟得很！十年前我們就一起朝過普陀。慧真是個有道高僧，山南五大叢林的當家和尚，還沒有一個人趕得上他。」

當他知道我們和慧真的交往之後，他對我們就更親切了，我又想看看他保管的羅漢圖，他搖搖頭：

「何先生，您不要打我的冷拳頭，我陪您們看看玉淵好了。」

我也只好作罷。

能印一撩僧袍的下擺，首先跨出月門，我和月仙跟在他的身後，一陣谷風突然捲起一片松濤，針葉噓噓尖叫，如果是在深更半夜，真會駭一大跳。

我們出寺不遠，就聽見雷霆般的轟響，松濤和水石相互沖激的雷鳴，震耳欲聾。走了兩三百步就看見一塊枕狀的巨石，橫臥在佈滿青苔的光溜溜的岩石上，澗水從它上面沖激而下，銀色的水花四濺，非常好看。

光溜溜的岩石上，刻了「玉淵」和「冰笏」四個大字，據能印說「玉淵」兩個字是宋朝張孝祥石刻的，數百年來，還沒有毀損。

玉淵的面積不小，水色碧綠陰沉，我們站在旁邊好幾尺遠的地方，都感到寒氣侵人。

我問能印玉淵有多深？他搖搖頭說不知道，接著又補充幾句：

「前年夏天有個洋人下去游泳，一跳下去就沒有爬起來，連屍首都找不到。」

「這裏怎麼能游泳？」我看看岩石上那麼滑的青苔，水面和岩石平面距離有好幾公尺，水的顏色又是那麼碧綠陰沉，而且隱隱有股漩渦，那怎麼能游泳？

「洋人就是這樣魯莽！」能印廢然一歎：「當時我搖搖手警告他教他不要下去，他向我做個鬼臉，縱身一躍，咚的一聲，連一個泡泡都沒有鼓起。」

「事後沒有人打撈？」月仙問。

「誰敢冒那個險？」能印說。

「那他的屍首到那裏去了呢？」

「天知道玉淵有多深？」能印望天一歎：「而且玉淵以下還有二十四個潭。」

月仙失色地望了我一眼，連忙拉著我倒退了兩步。

我向能印告辭，能印留我們吃晚飯，我們一再婉謝，能印無可奈何地說：

「那我也不勉強兩位，棲賢寺的飯菜是抵不上黃龍寺的。」

我送香錢給他，他也不肯接受。

「兩位回到山上時，代貧僧問候慧真方丈就很感激了。」他雙手一合說。

「您不上山嗎？」我問。

「我已經兩年沒有上山了。」他說。

「歡迎您上山去玩。」

「有緣就去。」

他送了我們一段路才回寺，我們照著他的指示南下棲賢橋，棲賢橋又叫三峽橋，但這兩個名字都沒有俗名觀音橋響亮，一般人都叫它觀音橋。

觀音橋橫跨絕壑，下有深潭，巨石上刻了「金井」兩個字，橋長九十餘尺，寬一丈多，高約六十尺，是宋朝祥符七年建的，已經九百多年了。蘇東坡曾寫了一首〈三峽橋〉詩，用韻險僻，很不好記，倒不如張孝祥寫的〈玉淵潭〉七言絕句平易可誦。

橋西有個慈航寺，俗名觀音閣，供奉觀音大士。觀音閣不如棲賢寺雄偉壯麗，因為路近，我和月仙還是決定去參觀一下。

一走近觀音閣，我們首先發現一個十五、六歲小尼姑，站在山邊一棵橫伸出來的開滿了粉紅色花朵的桃樹下面，用那對大而漂亮的秋水盈盈的眼睛，驚喜地望著我們，看見她那對眼睛我也不免一怔，月仙拉拉我的衣袖輕輕地說：

「這小尼姑好漂亮！」

的確，她除了那對秋水般的大眼睛攝人心魂之外，一張粉臉也白裏透紅，簡直可以和她頭上的那樹桃花爭豔。她雖然剃了光頭，穿著圓領灰布袈裟，仍然不能掩蓋她天賦的魅力。

她看我們走近，笑著把身子一扭，向寺裏跑去，邊跑邊叫：

「師父！有香客來了！」

她重複叫了幾聲，一位四十多歲的尼姑走了出來，這位尼姑有一張平庸的臉，看來有點俗氣，她用一隻眼睛打量我們，另一隻眼睛卻像死魚的眼睛，動也不會動一下。那小尼姑站在她的身旁，用那對靈活的大眼睛在我和月仙的身上溜來溜去。

「貴客，貴客！請進，請進！」那中年尼姑望了我們一會兒，雙掌一合，謙卑地說。

小尼姑連忙跑過來，笑著從我手裏接過皮箱，放在桌上。

中年尼姑隨即上香，小尼姑拿起磬錘，站在香案旁邊敲一下木魚敲一下磬，敲得叮叮噹噹，很好聽。中年尼姑笑著對我們說：

「兩位施主拜拜觀世音菩薩，抽枝籤吧！我們寺裏的籤，靈得很！」

月仙抽了一枝，籤文是用木刻版的字體刷在黃裱紙上的，我不知道月仙祈求些什麼？籤文也是似通非通模稜兩可的七言絕句。

我放了一塊錢一張的鈔票壓在籤筒底下，中年尼姑喜不自勝，連連稱謝，隨即抓在手裏。小尼姑以驚喜的眼光望望我又望望月仙。

夕陽銜山，時間已經不早，我問中年尼姑這附近有沒有飯鋪可以吃住？中年尼姑說：

「吃飯沒有問題，如果兩位不嫌棄，就在我們寺裏吃頓粗茶淡飯好了。住就有點麻煩，這附近沒有飯鋪。」

「不要緊，我可以和山下詹家新娘子打個商量，」小尼姑連忙接著說，又望望我們：「她去年底才圓房，新床新被，兩位不妨將就一夜？」

「那就謝謝妳了。」月仙笑著對小尼姑說。

小尼姑春風滿面地一笑，拂拂身上的袈裟，乖巧地對月仙說：

「我這就替妳去打個交道。」

「守貞，」中年尼姑叫住她：「快去快回，兩位施主要吃晚飯。」

「是，師父！」小尼姑把頭一點：「我馬上就回來弄飯。」

小尼姑賣弄地望了我們一眼，身子一扭，輕盈地跑下山坡。

月仙好像很喜歡她，輕輕地對我說：

「明天我們就雇她提提箱子好不好？」

我想想也對，小尼姑是本地人，人也乖巧伶俐，有她一道，可能有很多便利，看樣子她在寺裏也沒有什麼了不起的事，出家人又用不著種田種地。

於是我將我們的意思告訴中年尼姑，中年尼姑猶疑了一下，月仙對她說：

「我們不會虧待她的，妳要多少錢一天？我們照給好了。」

中年尼姑囁嚅了一會兒，過後才轉彎抹角地說：

「現在是耕種的日子，鄉下人一塊錢一個短工。」

「好，我們照算。」我說。

「不知道兩位施主要雇幾天？」她問。

「我們要去歸宗寺，再從黃巖寺五乳寺繞回來，總得三五天。」我說。

她遲疑了一下，月仙接著說：

「妳放心，不論多少天，工錢照算，絕不短少。」

「這我知道，」她用一隻眼睛望著月仙，期期艾艾地說：「不過我要拜託妳一件事。」

「什麼事？」月仙問。

「請妳隨時關照她？」中年尼姑說。

月仙點點頭。

中年尼姑又似憂似喜地輕輕歎口氣：

「我這個徒弟人倒是頂乖巧的，就是命裏犯桃花煞，現在正是走禮懂運的時候，一出去又是幾天，所以我不大放心。」

月仙望了我一眼，然後對中年尼姑說：

「妳放心好了，我們是看看菩薩廟宇，不是帶她去看花花世界的。」

「那就麻煩妳了。」中年尼姑寬慰地說。

「我們要不要再和妳徒弟商量一下？」我問中年尼姑：「不知道她自己願不願意替我們提箱子？」

「只要離開慈航寺，她就像過年。」中年尼姑說：「兩位的箱子又沒有好重，她怎麼不願意？」

於是我先給她五天的錢，我估計一下，需要這些日子。中年尼姑看見白晃晃的銀洋，馬上眉開眼笑，雙手接了過去。

小尼姑回來之後，很得意地對我們說：

「詹家新娘子聽說是兩位貴客，滿口答應了。」

月仙向她說了聲謝謝。中年尼姑接著把我們雇她提箱子的事告訴了她，但沒有提錢的事。

小尼姑馬上滴溜溜地望了我們兩人一眼，眼角眉梢都含著笑意。隨後又轉過頭去望著中年尼姑說：

「師父，您讓我去？」

「他們兩位大人大面，師父怎麼好意思不答應？」中年尼姑望著徒弟假笑，隨後又把臉一拉：「不過妳要聽他們兩位管教，不能放野。」

小尼姑笑著點點頭。中年尼姑又吩咐她：

「快點弄飯給兩位施主吃。」

小尼姑說了一聲「是」，轉過頭來對我們說：

「我不會弄菜，不知道兩位歡喜鹹的還是淡的？」

「隨意。」月仙回答。

小尼姑去邊屋弄飯之後，中年尼姑就安心地陪我們談天，儘講些觀音大士顯靈的故事，說得神乎其神。

「說真的，慈航寺的觀音菩薩比別地的靈。」她怕我們不相信，一再重複這句話。

月仙不想和她多談，拉著我到寺外走動走動。

落日的餘暉，染紅了平靜如鏡的鄱陽湖水，和飄浮在湖面的片片白帆，以及一脈遠山。

月仙發出輕輕的讚歎，小尼姑的耳朵真靈，她從邊屋伸出頭來接腔：

「慈航寺就是這點好，可以望望鄱陽湖，看看日落日出。」

「妳的眼睛真好。」月仙說。

「我也只能看看這些，」小尼姑羨慕地望望我們：「那有兩位好？可以到處遊山玩水，走馬看花。」

「這小尼姑的凡心很重。」月仙輕輕地說。

「在路上妳可要小心她思凡！」我笑著說。

「那我不是自找麻煩？」月仙輕輕一笑。

吃過晚飯，天已經黑了。在慈航寺坐了一會兒，小尼姑就打著燈籠送我們到山下詹家去。

詹家人以好奇的心理歡迎我們。小尼姑和新娘子好像很好，兩人在一塊唧咕了一陣，才送我們進房。

我們走了一天的山路，有點疲倦，提早休息。小尼姑和新娘子卻在隔壁房間裏絮絮不休，還不時發出吃吃的笑聲。

小尼姑的絮語和輕笑像一支催眠曲，送我入夢。她什麼時候離開詹家回到慈航寺？我就不知道了。

第十四章　小尼姑拈花惹草

白鹿洞假聖虛賢

第二天早晨我們正在門前漱口，小尼姑沿著山坡風擺柳地跑下來。她換了一件新的灰色的袈裟，腋下夾了一個白布小包裹。

「妳怎麼這麼早？」月仙笑著問她：「我們又用不著趕路。」

「這還算早？」她站在月仙面前笑著反問，同時用手向田裏一指：「您看，男人都下田了。」

月仙和我同時向田裏望望，真的，很多人都在田裏工作，有的在耕水田，有的在播穀種。月仙向她歉然地說：

「那是我起晏了？」

「您也不算晚，」小尼姑笑著搖搖頭：「比起城裏人來那算很早了。」

詹家新娘子聽見她和月仙說話，也走到門口笑臉相迎。新娘子看上去只大她一兩歲，臉比她豐滿，顴骨上有幾點雀斑，人倒也長得有幾分姿色，因為結了婚就有點像大人的樣子，另外還有一種撩人的風騷。

「妳今天早晨弄些什麼好菜給客人吃？」小尼姑笑著問新娘子。

「鄉下有什麼好菜？」新娘子也笑著回答：「還不是粗茶淡飯。」

「你們家裏不像我們寺裏，不見葷腥，妳總應該弄個三葷三素，才對得住這兩位貴客。」小尼姑說。

「昨天妳又不早點通知我，害得我措手不及！」新娘子微嗔地說：「幸好還有點臘味，不然真要見笑！」

「妳家有好幾隻老母雞，蛋總有幾個吧？」小尼姑賣弄地說。

「妳好像摸了我家的米桶？這麼一清二白。」新娘子兩眼灼灼地望著小尼姑：「不過雞蛋算不得大葷，只能勉強湊個數兒。」

「雞蛋是你的私房，我怕妳捨不得哩！」

「守貞，妳要修佛修道，可不要亂嚼舌根！」新娘子笑駡小尼姑。

聽著她們兩人的對口，月仙本來一直望著我笑，這時禁不住噗的一聲，笑了出來。

新娘子臉孔微微一紅，指著小尼姑駡：

「看！都是妳！果然惹得客人見笑！」

「新娘子，我不是笑妳，」月仙笑著對新娘子說：「我覺得妳們的話很好玩。」

「我們鄉下人，村言村語，請您包涵包涵。」新娘子向月仙賣弄地說。

「不要客氣。我們打擾妳了。」

「那裏的話？如果不是觀音娘娘的面子，我們請也請不到。」

「這妳總要感謝我吧？」小尼姑望著新娘子邀功地說。

新娘子左眼一眨，腰一扭，笑著縮了進去。

小尼姑跟了進去，我們也隨後進去。

新娘子真的弄了三葷三素。臘魚、臘肉、雞蛋，再加三樣青菜，而且都用景德鎮的細瓷盤碗盛著。

她丈夫和家人都下田工作去了，她也吃過了飯，只有我和月仙兩人未吃。月仙要小尼姑和我們一道吃，小尼姑笑著說：

「新娘子手不乾淨，我出家人不能吃。」

「妳又亂嚼舌根！」新娘子白了小尼姑一眼。

小尼姑吃吃地笑。她的話倒使我們想起飲食問題來，月仙問她：

「妳不吃葷腥，那路上怎麼辦？」

「您放心，鄉下有幾家天天吃魚吃肉的？」小尼姑說。

「其實她是當著我們的面假正經，」新娘子插嘴：「背著我們還不是偷吃冷豬肉？」

小尼姑揚起小白布包裹想打新娘子，新娘子頸子一縮，躲進廚房，稍後又探出頭來向小尼姑一笑。

月仙看著她們兩人笑鬧，也有點想笑。

「妳婆婆不在家妳就神氣起來了，小心我在她面前奏一本，要妳吃不了兜著走。」小尼姑指著新娘子說。

新娘子也用手向小尼姑一指：

「妳何嘗不是離開了觀音閣就出了鬼門關？胡鬧！我也向妳師父奏一本，說妳不守清規……」

新娘子的話還沒有說完，小尼姑就笑著趕過去打她，她又往廚房裏一縮，小尼姑追了進去，兩人在廚房捏膈肢，搔頭窩，笑作一團。

新娘子似乎比小尼姑更怕癢，被小尼姑迫倒灶角，在無可奈何的情形之下，在小尼姑胸前抓了一把，小尼姑哦了一聲，連忙倒退兩步，兩頰緋紅，怔怔地望著新娘子。新娘子連忙向她遞了一個眼色，她低下頭去撿起掉在地上的小白布包裹。然後笑著向新娘子一指：

「暫時饒了妳，等我回來以後再和妳算帳。」

說完身子一扭，走了出來。新娘子笑著用手掠掠頭髮，跟在她的後面。

月仙笑著望了她們一眼，小尼姑解嘲地說：

「請您不要見笑，我們一向愛打打鬧鬧。」

新娘子趕過來替月仙添飯，月仙搖搖頭，塞了一塊錢給她，新娘子捏著袁大頭客氣地說：

「不好意思啦，一頓粗茶淡飯！」

「不要假客氣吧，」小尼姑馬上接嘴：「留著作私房。」

新娘子扭過身去啐了小尼姑一口，又回過來雙手向月仙一拂：

「多謝您的大賞！」

「不，我們打擾妳了。」月仙笑著回答。

「您何必這麼客氣？」小尼姑馬上接嘴：「她真巴不得您住上三年六個月哩！」

「妳又不是我肚子裏的蛔蟲，怎麼知道？」新娘子笑問小尼姑：「再說，我們的屋簷低，他們兩位怎麼住得慣？我就是有心留客也留不住。」

新娘子迅速地望了月仙一眼，月仙笑著對她說：

「謝謝妳，這次我們不能多打擾，下次再來。你們這地方的風水真好。」

「那裏？小地方不過是沾了觀音閣的光。」新娘子望望月仙又掃了小尼姑一眼。

「妳不要替我戴高帽子，」小尼姑馬上還嘴：「觀音閣也是沾了廬山一點邊，才有遠客來。」

她們兩人都有一張利嘴，我不想再聽她們磨牙，提議動身。小尼姑把我們的箱子一提，又向新娘子要了一根粗繩子，把布包和箱子拴住，然後往肩上一掛，這法子倒很好。

新娘子送了我們十幾步路，在一棵柳樹腳下停住，叫我們慢慢走，又笑著對小尼姑說：

「閻王放了妳幾天假，不要玩花了心，清規要緊。」

「妳不要假正經！」小尼姑向她啐了一口。

穿著紅緞襖綠花褲的新娘子，拈著柳條微笑，像一朵野玫瑰。

今天又是一個春光明媚的好天，油菜花在豔陽下金光燦爛，散發著陣陣香味。白色的蝴蝶在一片金黃色的花海裏翩翩起舞，棕黃色的蜜蜂是採花郎，聚在花心吵吵嚷嚷。

小尼姑路熟，走在前面，我們向東，正好迎著太陽。太陽曬在小尼姑的光頭上，閃閃發光。

「守貞，妳和詹家新娘子怎麼那麼要好？」月仙笑著問她。

「我們從小在一塊長大，後來我到觀音閣出家，她也許給詹家做媳婦，去年底嫁了過來，我們又在一塊。」小尼姑回答。

「難怪妳們那麼親熱。」月仙說。

「不過我沒有她的命好，她嫁到一個好婆家，漢子也蠻長蠻大。」小尼姑羨慕地說。

「妳長得比她漂亮，妳的命怎麼沒有她好？」我笑著問。

「先生不知道，」她輕輕歎口氣：「都是那些鬼瞎子不好，說我命帶桃花，所以許不上婆家只好許了廟。」

「妳也信這一套？」月仙問。

「一切都是命嘛！別人都信，我怎麼敢不信？」小尼姑拖長著聲音說。

「如果瞎子不胡說八道，妳會許上一個更好的婆家。」我說。

月仙機警地望了我一眼，我才想起她師父的囑咐，後悔不該說這樣的話。可是話已經出口，收不回來。

「怎麼好不敢說！」小尼姑輕輕一歎：「或者不至於讓人家退八字，丟人！」

我不便再搭腔，她也沒有再講下去。

忽然一隻美麗的鳳蝶從她面前翩翩飛過，她伸手一撲，鳳蝶身子一飄，她沒有撲到，嗨了一聲，說了一句：「可惜！」

望著那隻漂亮的鳳蝶悠然飛去，我們也覺得有點可惜。

一路來我們看到不少杜鵑花，越接近白鹿洞杜鵑越多，簡直滿山滿谷。

小尼姑一路走一路攀折，她折的是那些開得最紅最好的杜鵑。月仙勸她不要折，她一笑置之。隨後她送了一束給月仙，也送了一束給我。

「守貞，這些杜鵑花真好看，妳折了多可惜？」月仙聞聞紅花綠葉說。

「映山紅多的是，鄉下人把它當柴燒，您怎麼這樣珍貴？」她插了一朵在自己的衣襟上，笑著回答。

「真有這回事兒？」月仙笑著問。

「我還騙您？」她笑著把頭一歪，又隨手摘了一朵盛開的杜鵑，往月仙頭上一插。

月仙笑著取了下來，她奇怪地問：

「您怎麼不戴？戴了花會更好看。」

「拿在手裏一樣，我不喜歡戴花。」月仙說。

「嗨！」她輕輕一歎：「您這一頭烏雲蓋頂的好頭髮，不戴多可惜？可惜我沒有您這麼好的福氣！」

她不自覺地摸摸自己的光頭。

「妳插在衣襟上也很好看嘛。」我說。

她低頭瞟了杜鵑花一眼，欣慰地一笑。

我們走上貫道橋時，碰到一個年輕人迎面走來，他和小尼姑擦身而過，伸手在她臉上摸了一把，又順手牽羊地拿走她衣襟上的那朵杜鵑花，笑哈哈地溜下了石橋。

「你這人怎麼這樣沒有規矩？」小尼姑回過身來質問他。

「我沒有規矩？」那年輕人指指自己的鼻子輕佻地說：「妳才沒有規矩哩！那有尼姑戴花的？」

「你真是狗咬耗子，多管閒事！」小尼姑馬上回嘴：「我愛戴你又怎麼樣！」

「乖乖！花應該戴在頭上，」那年輕人把花往自己的小禮帽上一插：「可惜妳出了家，不然我倒想託個媒人到妳家。」

小尼姑啐了他一口，他哈哈大笑。月仙連忙把她一拉，走下貫道橋。

不知道是受了欺侮還是怎麼的？小尼姑的眼裏忽然湧出兩顆淚花。月仙抽出手帕替她輕輕拭掉，又低聲地對她說：

「不要和那種野男人鬥嘴，不然會吃虧。」

她舉起灰色的長袖，擦擦眼睛，沒有講話。

白鹿洞四山環抱，蒼松翠柏，蔽日參天。洞前還有一條小溪叫貫道溪，流水潺潺，松柏輕吟，環境極為幽美。唐貞元中，李渤、李涉兄弟隱住洞中，李渤愛養白鹿，出入相隨，這才叫白鹿洞。南唐昇元中，建學置田，稱廬山國學。宋時置書院，朱熹、陸九淵都在這裏講過學，所以石坊上刻了「名教樂地」四個字。清同治以後書院荒圮，現在的「鹿洞書院」四個字是康有為的手筆。

書院中為禮聖殿，壁上刻有吳道子孔子遺像。東為紫陽洞，祀朱子，有朱子白鹿洞賦碑，祠後並有石雕白鹿一隻。洞後有文昌閣，壁有「理學淵源」等石刻。殿西為啟聖祠及文會堂，有石刻陽明古本〈大學〉、〈中庸〉，朱子〈白鹿洞規〉等。

當我和月仙在洞裏東看西看時，小尼姑也跟在我們身邊。她不識字，也不知道白鹿洞的掌故。看完以後她說：

「洞裏陰涼得很，夏天乘涼最好。」

「守貞，這是聖賢之地，不是乘涼的。」月仙說。

「管他什麼聖賢?保險夏天一定有人在這裏乘涼。」小尼姑笑著說。

月仙望著我笑著搖頭。

「妳不要笑，」我輕輕地對月仙說：「她頭上沒有戴緊箍咒，比我們好。」

月仙牽著她走出白鹿洞，我們在貫道橋上坐了下來，這裏風景實在太好。

小尼姑也把箱子布包放下，她坐在布包上休息。

杜鵑花滿山滿谷，清澈如鏡的溪水從橋下潺潺流過，微風過去，參天的松柏彷彿低聲細語。

「李渤兄弟選擇這個地方隱居實在太好，」月仙讚賞地說：「這真是一個鹿豕與游、物我相忘之地，可以涵養性靈，返樸歸真。」

「妳問問她願不願意住在這裏？」我指指小尼姑說。

小尼姑不待月仙發問，就笑著對我說：

「住一兩天可以，住久了不行，現在我連觀音閣都住厭了。」

「我看她和了緣差不多。」月仙輕輕地說。

「了緣比她渾，」我說：「那有她這樣精？」

小尼姑問我們了緣是誰？我們沒有告訴她。

「你不說我也猜得出來，了緣是個出家人的名字。」她望著我說。

「妳的名字倒不太像一個出家人。」我說。

「這是我師父取的，她也只認識一點經上的字。」小尼姑說。

「妳會不會唸經？」月仙問她。

「貓兒也會唸經，我還不是跟貓兒一樣，閉著嘴咪嗚咪嗚！」小尼姑笑著回答。

月仙嗤的一笑，隨後又問她：

「妳懂得經上的意思嗎？」

「嗨！」小尼姑兩手一拍：「我師父也不懂，我怎麼懂？」

「那她教妳什麼呢？」月仙笑著問。

「教我進香，撞鐘，敲木魚，招呼香客，收香錢……」小尼姑攀著指頭數，數到最後突然哦了一聲說：「還有，夏天販東西到廬林、牯嶺去賣。」

「妳去過牯嶺？」我問。

她點點頭。月仙接著問：

「妳師父放心？」

「起先是她帶著我去，後來她自己不去，就限我日頭落山以前回觀音閣。」小尼姑說。

「妳歡不歡喜牯嶺？」我問。

「那才是神仙府！」小尼姑笑著跳了起來，指手劃腳地說：「嗨！那麼多的洋房子，那麼多的闊老，那麼多漂亮的太太小姐，還有黃頭髮、綠眼睛的洋人！嗨！洋人原來是那個樣子，原先我還以為他們是妖精？……」

小尼姑笑了起來，月仙也笑了起來，我也好笑。

「那些闊老和洋人真會享受！」小尼姑笑過之後又說：「牯嶺、廬林。也只有你們這樣的人才配住。」

「黃龍寺的和尚住的地方更好。」我說。

「人家是雙雙對對享福，出家人住那種地方幹什麼？」小尼姑望著我們說。

「修心養性哪！」月仙笑著說。

「嗨！」小尼姑右腳輕輕一頓：「那還能修個什麼心，養個什麼性？看也看花了心！」

月仙望著我一笑，小尼姑指著她說：

「您不要見笑，我不講假話，看見別人雙雙對對、甜甜蜜蜜，再好的修行也會動心。唉！還有那些洋人……。」

小尼姑的臉一紅，沒有說下去。月仙笑著對她說：

「妳年紀輕，人家是有道行的人，那會像妳？」

「那可保不定？」小尼姑薄薄的嘴唇一撇：「我師父總是上了年紀的人，出家也十幾年了。有天夜晚她就在夢中把我哭醒。我問她甚麼事？她騙我說夢見了吃人的老虎，鬼才相信！」

「妳師父有什麼傷心的事嗎？」月仙問。

「那我就不大清楚，」小尼姑搖搖頭：「只聽說她嫁過人，還生了一個兒子。」

月仙輕輕地歎了一口氣，輕得像一陣游絲，我們併肩而坐，我才能感覺出來。

一陣微風吹過，蒼松發出一陣輕吟。貫道溪的水，在橋下緩緩流過。唱著低調的歌。

我們在橋上已經坐了不少時候，休息夠了。我想到海會寺去。

「海會寺駐了兵，」小尼姑說：「不能去。」

「那我們找個地方吃飯吧！」月仙對小尼姑說。太陽早已偏西，過了吃飯的時候，我也有點餓了。

「我們到馬頭鎮去。」小尼姑把箱子布包一提，往肩上一掛，拔腳先走。

「守貞，妳揹不揹得動？」月仙關心地問她。

「您放心，三伏天我能挑六十斤重的擔子上牯嶺，這點東西不過二三十斤，很輕。」

她雖然還不完全像個大人，可是身手矯捷，揹著東西比我們走得還快，她的兩條腿像兩根彈簧，很有彈性。

她走得輕鬆愉快，又隨手折著路邊的杜鵑花，插了一枝在白布包袱上。

「守貞，妳這樣花枝招展，小心又遇著野男人。」月仙笑著提醒她。

「光天化日，他還敢真的欺侮我小尼姑不成？」她回眸一笑。

「她的膽子倒真的不小！」月仙向我輕輕地說。

到了馬頭鎮，守貞為我們找了一家飯鋪，既可以吃飯又可以住宿。月仙看看這裏男耕女織，環境也很優美，索性住了下來。

五老峰萬丈青崖，峭壁如削，在山上看不到這分景色，在這個小鎮上我們卻可以一覽無餘。飯後的一段時間，小尼姑帶著我們在小鎮附近走走，看看。青山如畫，石板路，小橋流水，和山上又是一番情趣。

月仙非常喜愛這種鄉鎮情調，更愛在田埂上行走，她穿的是平底鞋，比我的皮鞋底薄，走路方便。

鄉下人正忙著翻耕水田，一雙泥腿跟在犁後，手裏揮著長鞭，嘴裏喝叱青牛，不時調過頭來看看我們，看看小尼姑。

小尼姑不甘寂寞，不時和他們搭訕幾句，年紀大的，倒和她正正當當的答對，年輕人卻愛開幾句玩笑，嘴上佔點便宜。

「妳出家人怎麼不在廟裏唸經拜佛，一個人跑到外面來野？」一個年輕人笑著問小尼姑。

「你這人真口沒遮欄，我師父要我陪客人遊山玩水，怎麼是一個人野？」小尼姑立刻回嘴。

「真有這麼好的師父，我也想出家了！」年輕人回過頭來望著她嬉皮笑臉地說：「妳們田不耕，地不種，春暖花開，遊山玩水，真是皇帝老子也不想做了。」

小尼姑被他說得噗哧一笑，我和月仙也忍不住笑。那年輕人更得意起來，又笑著對小尼姑說：

「妳回去對師父說一聲好不好？讓我去觀音閣掛個單，我真的不想種田了。」

「你這人好不懂規矩！你在家人憑什麼掛單？」小尼姑說。

「我說了我不想種田，我打算出家。」

「要做和尚到棲賢寺去，觀音閣也不准掛單。」

「我就是看中了觀音閣啦！在觀音閣掛單才有意思，在棲賢寺作個寡和尚我才不幹！」

我忍不住笑出聲來，月仙也掩著嘴笑。小尼姑卻撿起一塊泥土向他一扔：

「你不存好心，觀音菩薩會把你打進阿鼻地獄！」

那年輕人正低頭察看犁的深淺，冷不防小尼姑會來這一手，濺了他一臉的泥漿，變成了一個活鬼。小尼姑看了拍手大笑。

我們也忍不住笑。

他抬起袖子擦擦臉上的泥漿，望著小尼姑一臉的邪笑，俯身在田裏掏了一把爛泥，小尼姑連忙閃到我們的後面，我笑著向他連連搖手：

「使不得！使不得！」

他笑著把手慢慢放下：

「要不是看在您們兩位的金面上，我要她小尼姑變成大泥鰍！」

小尼姑在月仙背後吃吃地笑，月仙回頭過去輕輕地對她說：

「守貞，不能再頑皮了，再頑皮妳會吃虧的。」

小尼姑仍然笑個不停。過後又扯扯月仙的衣袖說：

「您放心，捋牛尾巴的漢子嘴硬心軟。」

果然，他笑著丟下了爛泥。

小尼姑又從月仙背後站了出來，他笑著對小尼姑說：

「好，打是情，罵是愛，這樣我非到觀音閣掛單不可。」

小尼姑又想撿起泥土砸他，月仙連忙把她拉住。

「嘿！」年輕人笑指小尼姑說：「妳比人家在家的閨大姐還野，看妳怎麼上得了西天，見得到玉皇大帝！」

「呸！你耕你的田，少管閒事，我才不要見玉皇大帝！」小尼姑啐了他一口。那年輕人真的喝叱一聲，一鞭子打在牛背上，笑著對一身是泥的水牛說：

「她不好好地修行，你可要好好地耕田，不然閻王要罰你變小尼姑。」

「這個捋牛尾巴的好壞！」小尼姑向月仙輕輕一笑。

月仙把她輕輕一推，示意她走。她望了那年輕人一眼，才笑著慢慢移動腳步。

我們在外面散步到太陽下山時才回飯鋪。

飯鋪客人很少，倒也清靜。小尼姑和老闆娘很快就拉上交情，對我們照顧得非常周到。鄉鎮飯鋪自然沒有上海那些大飯店的豪華設備和供應，卻富有人情味和家庭味。

晚飯是在美孚油燈底下吃的。飯後，小尼姑在我們房裏坐了很久，她絮絮不休地和月仙談話，她對月仙十分恭順親切，月仙也很喜歡她。

她千方百計向老闆娘要了一個敞口玻璃瓶子，將白天折的那些杜鵑花，插在裏面，用水養著，小心地擺我們床頭一張條桌上。擺好以後，又退兩步，仔細端詳一下，才笑著向我們告辭。

月仙向她說了聲謝謝。我笑著問她：

「守貞，妳怎麼這樣歡喜花？」

「花最好看嘛！」她瞟著我說：「難道您不喜歡？」

「我也喜歡。」

「我說嘛！」她高興地一拍手：「像您這樣的人，要是不喜歡花那才叫稀奇！」

「那有什麼稀奇？」

「不喜歡花的人，心像一塊石頭，閻王老子沒有替他開竅。」

「妳怎麼知道？」

「嗨！」她提高聲音嗨了一下：「我看見過牛在山上吃草，再好看的花牠也吃掉，牠就不知道那是花那是草？不知道好看不好看？牛的心就是沒有開竅，所以才叫蠢牛。」

「守貞，妳真是一竹篙打倒一船人。」月仙向她笑道：「不喜歡花的人都被妳罵了。」

「我只是打個比方，不是存心罵人。」小尼姑的長睫毛一閃，輕輕地對月仙說：「您想想看，我們女人和花一樣，您要是遇到那樣不開竅的男人，眼淚不往肚子裏流才怪！」

月仙的臉上突然一黯，又很快地裝出一個微笑堵住小尼姑：

「守貞，妳不要胡扯。」

「我不是胡扯，」小尼姑搖搖頭：「我雖然出了家，還是會想到這些事。」

「妳出了家就應該修心養性，不要再胡思亂想了。」月仙輕輕地拍拍她。

「我不是不知道，就是辦不到。」小尼姑的臉上露出一絲苦笑。

月仙摸摸她的臉，溫柔地對她說：

「今天要好好睡覺，不要再胡思亂想了。」

月仙把小尼姑送出房去，隨手把門房拴上，走了過來，向我輕輕一歎：

「守貞真是一個聰明的小姑娘，可惜——」

「聰明人註定了要多受些折磨。」我說。

「我看這小姑娘也是命薄如花。」月仙又悠悠一歎。

「她既沒有讀書，不能像慧真那樣大澈大悟，又有一顆玲瓏心，不像了緣那樣帶點渾氣，觀音大士恐怕也很難渡她？」

「做人真難！聰明就有苦惱，渾渾沌沌又沒有意思。」

「這就叫做造物弄人。」

月仙深情地望了我一眼，隨即伸手撫弄瓶中的杜鵑花，默默無語。

第十五章　凡心不離花世界
謫仙早起伴青山

春眠不覺曉，
處處聞啼鳥。
夜來風雨聲，
花落知多少？

睡意朦朧中，我聽見仙曼聲輕吟。我睜開眼睛一看，紅日當窗，鳥聲喧鬧。

「昨夜下雨了？」我問月仙。

「你看，」月仙伸手向窗外一指：「樹葉上還在滴水呢。」

我向窗外一望，松樹的針葉上，果然掛著無數閃亮的銀珠，慢慢向下滴落。

起床後我們先到鎮外走走，松柏蒼翠欲滴，杜鵑花落英繽紛，留在枝頭上的開得更加鮮豔。

五老峰碧青如洗，看來伸手可及。

空氣彷彿過濾了似的，在樹林中走了一會兒，一身舒暢，看看鳥兒從這棵樹飛到那棵樹，我們也振臂欲飛。

「我們要是長了兩隻翅膀那該多好？」月仙望著我說。

「那樣老天會更妒嫉。」我說。

月仙握著我的手，輕輕地依靠我，望著樹上兩隻相互依偎著的白頭翁出神。牠們不時發出愉快的心聲。

小尼姑輕手輕腳地走了過來，走到我們身邊我們才發覺，月仙笑著對她說：

「妳怎麼不聲不響地走過來？」

「我怕驚動了你們，」她向月仙一笑，又隨手向樹上一指：「還有那對白頭翁。」

月仙把手搭在她的肩上，輕輕摟著她，笑著問：

「昨天夜晚睡得好不好？」

她笑著點點頭，那顆圓圓的光頭，在旭日的照耀下閃著青色的光芒。

「做夢沒有？」

「做了。」

「夢見什麼？」

「夢見寺裏的花貓生了囝，兩隻漂亮的小貓，」她高興地做著手勢：「真巧！一公一母。」

「那麼小妳怎麼知道？」月仙笑著問。

「嗨！我看得多，一提起來就知道。」她得意地回答。

「一龍，二虎，三貓，四老鼠。妳那兩隻小貓將來一定辟鼠。」我說。

「我那隻母貓也烈得很，」小尼姑得意地說：「嗨！牠叫起春來也不同別的貓，吵得我和師父都睡不著覺。」

我嗤的一笑，小尼姑的臉微微一紅，月仙暗示地看了我一眼，我抬起頭來望望五老峰。

我們三人在樹林裏走了一陣，潮濕的泥土軟綿綿的，彷彿踩得出油來。紅色的杜鵑花上滾著銀亮的水珠，小尼姑禁不住摘了一朵放在鼻尖上聞聞，又送到月仙的鼻尖上去：

「您聞聞看，好像有點清香？」

月仙聞了一下，向小尼姑點點頭，又笑著向我說：

「我覺得青草都有點香氣？」

「這大概就是春天的氣息？」我笑著回答：「在上海就只能聞到脂粉的香氣。」

「上海是什麼地方？」小尼姑問我。

「那是個花花世界。」我說。

「是不是比星子好玩？」

「一百個星子也比不上它。」

「真有那麼大的地方？」

「一點不假，房子比星子縣的寶塔還高。」

小尼姑聽了非常羨慕，月仙向我搖搖頭：

「不要再說了。」

小尼姑迷惘地望望月仙，月仙拍拍她說：

「上海不是個好地方，還是妳們這兒好。」

「天天看山也會看厭。」小尼姑說。

「古人說『相看兩不厭，惟有敬亭山』。其實廬山是百看不厭，妳是人在福中不知福，還沒有領略到它的好處。」月仙對她輕聲細語，又在她肩上輕輕拍了兩下：「青山綠水最好，不要想外面的花花世界。」

「癩蛤蟆想吃天鵝肉，想也是白想，我還能飛到天邊去？」小尼姑自嘲地說。「連星子縣一年都難得去一次，長了這麼大，還沒有去過九江府。」

月仙同情地看看她，又望著我微笑。

小尼姑也看了我們一眼，突然噗哧一聲，調侃地說：

「你們兩位也只顧看山，怎麼忘記洗臉？」

月仙笑著伸手在臉上一抹，輕輕地問小尼姑：

「像不像個母夜叉？」

「嗨！那有這樣漂亮的母夜叉？」小尼姑的光頭一晃，眉開眼笑：「簡直像個剛下凡的仙女。」

「不要折煞了我。」月仙微嗔地說。

「不信您問何先生好了？」小尼姑俏皮地把眼睛向我一瞟。

月仙不由自主地望了我一眼，隨即向著小尼姑說：

「守貞，妳好壞！」

小尼姑得意地笑了起來，眼波盈盈，牙齒雪白。她蹦蹦跳跳地走在前面，哼哼唱唱，真是無名曲調自成腔，她的聲音甜而有點嗲氣。

「真好嗓子！」月仙挽著我輕輕地說。

小尼姑回眸一笑，突然住嘴。

「守貞，妳怎麼不唱了？」月仙笑著問她。

「怕您笑我。」她的嘴微微一嘟。

「我說妳的嗓子好是真心話，怎麼是笑妳？」月仙說。

「我本來不會唱，只是作烏龜哼，您這樣說我連哼都不敢哼了。」

「妳的聲音唸經一定很好聽。」我說，我聽過不少尼姑唸經，像唱歌兒一樣，有聲有韻，很好聽。我想守貞大聲唸經時一定是一條金嗓子。

「何先生，您不要給我戴高帽子。」她把頭一歪，瞟了我一眼。

回到飯鋪，洗臉吃飯，費了一陣工夫。小鎮的人都下田了，我們也打道萬杉寺，海會寺不去了。

昨天從觀音橋出發是沿著山邊向東南走，今天去萬杉寺走了一段回頭路，又繼續向西北走。

小尼姑還是揹著箱子和包袱走在前面。我和月仙拄著拐杖散步般地跟在後面，午飯時分才到達萬杉寺。萬杉寺和棲賢寺規模差不多，也是紅的廊苑，門前有一棵五爪樟，一本五幹，濃蔭蔽天，相傳是宋朝時代栽的。月仙對這棵大樟樹很有興趣，我們在它下面盤桓了一會兒。杉樹只有幾十棵，宋時大超和尚手植的萬棵杉樹不知道那裏去了？我們只讀到蘇轍一首〈萬杉寺〉詩：

萬本青杉一寺栽，滿堂金氣自天來。
涓涓石溜供廚汲，矗矗山屏繞寺開。
半榻松陰秋殿冷，一杯香飯午鐘催。
安眠飽食平生事，不待山僧喚始回。

這首詩是我們遊棲賢寺、觀音橋、白鹿洞所見的張孝祥、蘇軾、朱熹等人的詩作中，最歡喜的一首。白鹿洞那麼好的地方，朱熹的那首「尋白鹿洞故址愛其幽邃議復興建感歎有作」的詩，卻是一具僵屍，充滿幾假道學氣而無生氣。講理學的人扼殺性靈，實在不能寫詩。

萬杉寺建築於梁代，原名慶雲庵，在慶雲峰下，宋朝天聖中才改名萬杉寺。蘇轍來遊的時候大概真是「萬本青杉一寺栽」可惜我們沒有蘇轍的眼福。寺後有三塊大石，刻「龍虎嵐」三字，約一丈大小，右邊一塊大石上刻一「慶」字，比「龍虎嵐」三字更大。

我們在寺裏午飯，和尚們自己經吃過了，所以「一杯香飯午鐘催」的午鐘我們沒有聽到。

飯後在寺裏同和尚們閒聊了一陣，接著去秀峰寺。

秀峰寺離萬杉寺只有三里多路，在鶴鳴峰下。南唐中主李璟居藩時，買山作書堂，即位後改建為寺，名開先寺，馮延已曾記其事。幾經興廢，古蹟湮滅不少，寺也未恢復舊觀。「秀峰寺」是康熙皇帝改的。

以現在的規模看，秀峰寺比萬杉寺、棲賢寺都大，可惜寺外的招隱橋已圮，寺旁的招隱泉也湮沒了，泉畔閣中有石刻觀音像，高一丈六尺。寺額「第一山」三個大字，係摹青玉峽米芾石刻。寺內寺外古木參天，樓臺掩映，雙桂堂前有老桂二株，佛殿前有羅漢松兩株，梅樹一株，都是數百年的植物。

我和月仙登中主讀書臺遺址眺望，鄱陽湖如在目前，湖邊的星子殞石也看得很清楚。臺側有黃庭堅寫的〈七佛偈〉，和王守仁平宸濠紀功碑。

明朝羅洪先有一首〈開先寺〉詩：

南朝古寺幾消沉，猶有爐峰送夕陰。
瀑濺雲霞常掩映，山藏風雨易蕭森。
讀書臺古螢仍照，洗墨池荒草自深。

世味年來枯淡久，不逢陳跡亦灰心。

這首詩我一再低迴吟詠，月仙靜靜地站在我旁邊，突然向我一笑：

「我知道你最喜歡那兩句。」

「這首詩句句都好，妳怎麼知道我歡喜那兩句？」我笑著說。

「世味年來枯淡久，不逢陳跡亦灰心。」她低聲曼吟，隨後又笑著問我：「是也不是？」

我嗤的一笑，她悄悄地抽出手絹，在我臉上輕輕地拭了兩下，然後挽著我低聲說：

「不要老待在這裏，我們看瀑布去。」

於是我隨著月仙步下讀書臺，守貞跟在我們後面。

秀峰寺的瀑布是很有名的，馬尾泉在東，亦名東瀑，瀑布水在西，亦名西瀑，又叫黃巖瀑。為了同時觀看兩個瀑布，我們先登虎山遙望。

也許是昨夜下了雨的關係，水勢較盛，馬尾泉崖口窄狹，噴射而下，千絲萬縷，飄飄灑灑，形如馬尾；瀑布水卻如匹練懸空，沿青黑色的峭壁直瀉而下，掛流百十丈，月仙驚歎不置。

「李白〈望廬山瀑布水〉的詩是不是寫這個瀑布？」她指著瀑布水問我。

我點點頭。她又問我：

「你還記不記得那兩首詩？」

「我只記得一首七絕。」我說。

「你背背看？」她似乎有意考我，因為她知道我的記性不好。

「如果我背出來了，妳應該背那首長的。」我也給她出了一個難題，她的記性雖好，但那首長的有二十二句，在李白作品當中，是比較難記的一首。

「你先背，我再試試。」她笑著點點頭。

李白的絕句和律詩，多如妙手天成，了無掛礙，這首詠瀑布的絕句亦復如此，因此我大聲地唸了出來：

日照香爐生紫煙，遙看瀑布掛前川；
飛流直下三千尺，疑是銀河落九天。

我剛一唸完，她就笑著拍手：

「難得，難得！」

這的確難得，兒時所唸的唐詩，現在能記得的實在沒有幾首。由於這首詩，使我想起當年的一個笑話。教我唸這首詩的那位秀才先生，他既沒有到過廬山，也沒有見過瀑布，他把第一句的「香爐」解釋為廟裏佛龕上的香爐，「紫煙」解釋為檀香的煙，還搖頭晃腦地說「香煙繚繞，紫氣如雲」，當時我真佩服得五體投地，覺得他很有學問。後來年事漸長，知識漸開，輪到自己教書時，才知道他是信口雌黃，胡說八道，不禁啞然失笑。那年回家我想告訴他這個錯誤時，他已經翹辮子了。

當我把這個故事告訴月仙時，她噗哧一笑：

「老學究足不出戶，又沒有唸過地理，無怪他鬧笑話。」

「妳說他鬧笑話，他還說李白吹牛哩！」

「此話怎講？」月仙笑著問我。

「他批評李白的『飛流直下三千尺』這一句太誇大，他不相信，他說除非『天開口』，否則不會有這樣的奇事。」

「即使沒有三千尺，一兩千尺也是有的，這不算吹牛。」月仙望著瀑布說。

「晉朝周景式的廬山紀曾有這樣記載：瀑布水掛流三四百丈，望若懸素。桑紀也說：直落霄漢，裊裊如垂匹練。這和我們現在親眼目擊的情形又有什麼分別？我們也可以替李白作證。妳再背背他那首長詩看？」

「這首詩實在不好背，」月仙望著我說：「如果我記不起來，你可要挑一挑？」

為了要聽她背，我只好點頭。她望著瀑布水輕輕地唸：

西登香爐峰，南見瀑布水；掛流三百丈，噴壑數十里。
欻如飛電來，隱若白虹起；初驚河漢落，半灑雲天裏。
仰觀勢轉雄，壯哉造化功！海風吹不斷，江月照還空。

空中亂潨射，左右洗清壁；飛珠散輕霞，流沫沸穹石。
而我樂名山，對之心益閑。無論漱瓊液，且得洗塵顛。
但諧夙所好，永願辭人間。

她背完以後，偏過頭來笑著問我：

「有沒有錯？」

「沒有錯，沒有錯！」我握著她的手說：「李白地下有知，應該感謝妳這位讀者。」

月仙莞爾，守貞拉拉她的衣袖笑著問她：

「您唸了半天，唸的什麼經？」

「這不是經，這是古人的詩。」月仙笑著回答，又輕輕地拍拍她。

我們為了看得更親切一點，又走進青玉峽。

青玉峽石刻很多，有宋朝米芾的「第一山」、「青玉峽」，周堯的「風泉雲壑」，明朝張霓的「濯纓洗耳」，清朝彭玉麐的「嗽雲流雲」。都是大字，刻在陡峭的青黑色的岩石上。

我們在龍池旁邊的一塊青石上坐下，龍池的水和玉淵的水顏色相近，都是碧綠陰沉，不過龍池沒有玉淵那麼驚險，看來比較平坦，面積也大一點。瀑布水從黃巖山頂凌空而下，流進龍池。

米芾曾有一首〈開先寺觀龍潭〉詩：

度峽捫青玉，臨深坐綠苔。水從雙劍下，山挾兩龍來。
春暖花驚雪，林空石迸雷。塵纓聊此濯，去首卻重回。

從龍池旁邊上山仰望，瀑布水真如從天上下來，看來更長更高。水注在青石上，銀花四濺，聲如奔雷，我們隔了幾丈遠，還覺得寒氣襲人。

小尼姑看了一會兒，就離開我們逕自採集野花，沒有多久，紅的白的採了一大把，她又送給月仙。

太陽已經西下，青玉峽不見陽光，比較陰冷，我們只好離開。

這裏去歸宗寺還有十里路，時間不早，我們走到時可能天黑，看不到什麼，恐怕也找不到宿處。因此我們和小尼姑商量，希望能在附近找一個人家，借宿一夜，因為這一帶沒有市鎮，沒有飯鋪，去星子縣又太遠。

小尼姑是本鄉本土人，人既漂亮，嘴巴也甜，再加上是個出家人，果然不辱使命，替我們找了一個姓譚的大戶人家，安頓下來。

這家人對我們很好，把我們當作上賓看待，兩位年輕的妯娌對月仙和小尼姑尤其親切，使我們有賓至如歸的感覺。

在譚家後院，我們可以望見萬杉寺、秀峰寺、馬尾泉、瀑布水、鶴鳴峰、雙劍峰、香爐峰、文殊塔這許多名勝；在譚家前門我們可以望見星子縣城、寶塔、星子石以及浩瀚的鄱陽湖。譚家院子裏還有幾棵桃樹，桃花正在盛開，蜜蜂圍著桃樹嗡嗡叫。

「而我樂名山，對之心益閑。……」月仙站在我身旁又輕輕地唸著李白那首詩。

「李白是謫仙，妳也可以稱為半仙。」我笑著說。

「你是心在天上，身在人間。」她馬上接著說。

「我像牠一樣，在灰塵中打滾。」我指著一條在桃樹腳下的灰塵中滾來滾去的大蚯蚓說。

「如果我的眼淚能夠洗掉你身上的灰塵，我會背著你流出兩缸。」她眼圈一紅，呆呆地望著那隻蚯蚓。

第十六章　譚家妯娌姐妹檔
陶氏子孫醉石親

離開譚家時，譚家兩位年輕的妯娌殷殷相送，她們不是送我，而是送月仙和小尼姑，短時間的相處，她們彼此之間的感情卻很不壞。

她們是兩妯娌，也是同胞姐妹，姐姐只比妹妹大一歲，看來卻比妹妹更年輕，更秀氣。她們兩人仍以姐妹相稱，親熱得很。她們只有二十一、二歲，比月仙小，比守貞大，雖然結了婚，仍有幾分少女的純真。

她們本來想帶我們上文殊塔，我們怕耽誤時間，沒有上去。她們就告訴我一些文殊塔的掌故。

「妳們真好福氣，住在這麼美的地方。」月仙讚美地說。

「我們住在這裏就是這麼一點方便，不必像你們兩位千里迢迢地趕來，確實省掉不少盤川路費。」姐姐笑著回答。

「盤川路費事小，」月仙笑著說：「可惜的是我們只能看看，不能帶走。」

「要是我們能移山倒海，我們一定奉送。」妹妹也笑著說。

「我們的房子太小，放不下妳們的廬山，放不下妳們的鄱陽湖。」月仙笑著說。

她們兩姐妹相視一笑。

文殊塔後的香爐峰，山石玲瓏，奇秀無比。香爐峰西南，有兩石比肩而立，娟秀如兩位美女。月仙指著它們問譚家妯娌：

「那兩個石峰真奇，有沒有什麼名目？」

「那是姐妹石，也叫姐妹峰。」姐姐指著那兩個併肩而立的石說。

「嗨！真像！」小尼姑拍著手，又望望她們兩姐妹：「簡直和妳們兩人差不多嘛！」

「她們是神仙，我們怎比得上？」妹妹說。

「你看，」月仙拉拉我的手：「她們真像兩位古典美人。」

我仔細看了一會兒，真是越看越像，她們併肩站立山頭，文靜嫻雅，彷彿眺望遠景；又彷彿攜手同行，步履姍姍，冉冉凌雲。

「據說她們是兩位仙女，」姐姐笑著對月仙說：「因為貪看廬山的風景，忘記上天，玉皇大帝一怒，就罰她們生生世世站在這裏。」

月仙聽了好笑。

「從前先生教過我們兩首詩，姐姐妳還記不記得？」妹妹問姐姐。

「記得，」姐姐笑著點點頭：「那是清朝曹樹龍寫的。」

「妳背給他們兩位聽聽看。」妹妹說。

「我們一人背一首好了。」姐姐向妹妹說。

「妳先背。」妹妹笑著把嘴一呶。

姐姐咳嗽了一聲，望著月仙：

「背錯了妳不要見笑。」

「我沒有讀過這兩首詩，妳放心好了。」月仙說。

於是她輕輕地吟詠出來：

翠黛雲鬟絕世容，聯肩秀立兩芙蓉；

二喬都得英雄壻，不信名山老住儂。

「好！真好！」姐姐一背完，月仙就連聲稱讚。

「可惜她們嫁不出去。」我笑著說。

「嫁個傖夫俗子又有甚麼意思？」月仙向我一笑：「還不如伴名山終老。」

「她們要是真的嫁出去了，我們就沒有這個眼福了。」妹妹笑著說。

「妳不要扯野話，」姐姐向妹妹說：「現在該妳背了。」

「要是我背不出來，姐姐妳可要挑一挑。」

「唉，總共才四句詩，還用得著挑？」

妹妹笑著默唸一遍，又望了我和月仙一眼，然後朗朗地吟詠：

雲裏七賢偏冷峭，天邊五老太龍鍾；

彭郎可嫁無媒說，待字年年姊妹峰。

「妙，妙！」我衝口而出，這一首詩把七賢峰、五老峰都拉進來了，七賢五老雖然德高望重，的確配不上這兩位待字閨中亭亭玉立的俏姐妹。

「彭郎可嫁無媒說，這位詩人真會調侃。」月仙笑著說。

「這真是兩首好詩，謝謝妳們背了。」我對她們兩姐妹說。

「先生教給我們的千家詩，統統還給先生了。只有這兩首千家詩以外的雜詩，我們沒有忘記。」姐姐笑著說。

「一看見姐妹石，我就會想起這兩首詩。」妹妹說。

「我可要記下來。」月仙笑著掏出鋼筆，向我要了一個小日記本子，寫了上去。

「我看妳們兩位說不定就是這兩位仙女投的胎？」半天沒說話的小尼姑，望著她們兩姐妹說。

「妳不要瀆了神，仙女怎麼會投凡胎呢？」妹妹指著小尼姑說。

「她們想早點嫁人嘛！」小尼姑俏皮地回答。

「妳不怕罪過？」妹妹指著小尼姑，又指指山頭上的姐妹石：「小心她們罰妳！」

「罰我也是當尼姑。」小尼姑滿不在乎地說。

「如果玉皇大帝罰妳站在那個山頭上，我看妳也會腳底板擦油，溜！」姐姐笑指小尼姑說。

月仙嗤的一聲，小尼姑自己也好笑。

她們兩姐妹送我們走了不少路，月仙請她們回去，小尼姑對她們說：

「再送就到歸宗寺了，等會他們兩兄弟還以為妳們跟人跑了呢！」

妹妹用手指在小尼姑的光頭上一戳，笑罵一句。

「對不起，我們要回去煮飯，只好打轉了。」姐姐說。

我和月仙一再謝謝她們，又送她們走了幾步，她們伸手把我們一攔，姐姐說：

「免了，免了，如果不見棄，歡迎你們再來舍下住幾天。」

「謝謝，不好意思再打擾了。」月仙笑著回答。

「妳們如果捨得殺雞宰鴨，我就再陪他們兩位來住幾天。」小尼姑說。

「如果真來，我們一定殺雞宰鴨，」兩姐妹望望我們又望望小尼姑：「不過妳可沒有這種口福。」

「我不吃那些扁毛畜生，只想試試妳們的誠意。」

「如果妳敢犯戒，我就請屠戶來殺一條大豬給妳吃。」妹妹挑逗地說。

「阿彌陀佛，罪過。」姐姐一笑。

「姐姐，她還沒有唸阿彌陀佛，妳何必假慈悲？」妹妹望了姐姐一眼。

「我是不見棺材不流淚，她真是假慈悲。」小尼姑指著姐姐說。

「我看妳要上西天，真好比駱駝穿針眼。」姐姐也用手向小尼姑一指。

於是三人吃吃地笑起來。

她們兩姐妹聯袂走後，小尼姑羨慕地說：

「她們真是前世修了的！」

月仙望望她們，又望望姐妹石，笑著向我說：

「真巧！她們兩姐妹嫁了兩兄弟，你是不是也給這兩位作個媒？」

「雲裏七賢偏冷峭，天邊五老太龍鍾。我到那裏去找兩個門當戶對、情投意合的難兄難弟？」我說。

「對不起，我給你出了個難題目。」月仙望著我輕盈淺笑。

這一帶的風景實在太好。青山如畫，奇秀無比，我們談談笑笑，不知不覺就到了歸宗寺。

歸宗寺在金輪峰下，亦名瞻雲寺，建於晉咸康六年，在山南五大名剎當中，規模最大，有佛殿三座，禪堂、客堂、齋堂數十楹，棲賢寺的能印告訴過我，歸宗寺能住八百個和尚。可惜從康熙以後，沒有整修，現在看來，紅牆和廓柱已經斑斑剝剝了。寺門額題「江右第一名山」六個大字，門口有「六朝煙霧金輪寺；萬古冰霜赤眼禪」的對聯。赤眼禪是首創廬山叢林的和尚。

寺裏有王羲之洗墨池，池畔有笪重光書「右軍墨池」四字，王羲之曾守潯陽，所以有此真跡。另有明刻宗鑑堂法書，集王右軍及宋明名家真跡，共二十八石。此外有藏經全部，為廬山其他寺廟所沒有。蘇轍也有一首〈歸宗寺〉的詩：

來聽歸宗早晚鐘，疲勞懶上紫霄峰。
墨池漫疊溪中石，白塔微分嶺上松。
佛宇爭推一山甲，僧廚坐待十方供。
欲遊山北東西寺，巖石相連更幾重。

歸宗寺現在的香火雖然不盛，但和尚還是最多的一個，我們碰到的和尚就有二三十個人。廟裏的佛像最多，也大得駭人，奇形怪狀，月仙和小尼姑都不敢逼視。

離開歸宗寺，我們本來想去舍利鐵塔參觀，歸宗寺的和尚說，鐵塔有七級六面，高約六丈，第二級刻了〈楞嚴咒〉文，其餘各級均鑄佛像，舍利能發白光，所以又稱白塔。但塔在山頂，路小難行，小尼姑不想上去，我又怕月仙不能爬山徑小路，只好作罷。

金輪峰旁有個石鏡峰，據歸宗寺的和尚說，石鏡峰東面有一圓石，明淨如鏡，可以照人，連一根根頭髮都看得清楚，也因為路不好走，沒有去。

在歸宗寺北面三里多路的地方有玉簾泉，又名噴雪泉，紫霄瀑，出石鏡峰，泉如散絲，隨風飄墮，所以稱為玉簾、噴雪。

過歸宗寺西南五里，有一溫泉，泉水與小溪同流，硫磺氣味很重，新建了一個浴室，只是設備不很理想，我一個人進去匆匆地洗了一個澡，帶了一身硫磺味出來。月仙和小尼姑怕聞硫磺氣味，也不慣於在公共處所入浴，她們坐在草地上談天等我。

這裏是栗里鄉，是陶淵明故里，老百姓多姓陶，顯然是靖節先生的後裔，但他們都是種田的，似乎不大瞭解他們祖先的高風亮節。一位種田的告訴我們，陶淵明的醉石離溫泉不遠，月仙要去看，我們便照那個種田的指示，向北走，過柴桑橋，到醉石村。

醉石村不大，零零落落十來戶人家，寒門寒戶的樣子。村西北有一條小溪，叫醉石港，有一高約六尺的巨石橫臥溪上，石上可以坐十幾個人，這就是醉石。以詩酒和高風亮節聞名於後世的陶先生，喝醉了就睡在這裏。

我們爬上醉石，只看見「歸去來館」四個大字模糊的痕跡，其他石刻都被無情的歲月湮沒了。幸好靖節先生留下了一些作品，讓後人咀嚼，不然早已和草木同朽了。

「妳記不記得他的〈歸園田居〉詩？」我指著歸去來館問月仙。

「他的〈歸園田居〉詩有好幾首，你指的是那一首？」月仙問我。

「隨便。」我說。

「那我還是唸第一首好了，」月仙掠掠頭髮說：「這首詩表現了陶淵明的性格和田園風味。」我點點頭。月仙一字一字地唸：

少無適俗韻，性本愛丘山，誤落塵網中，一去三十年。羈鳥戀舊林，池魚思故淵。開荒南野際，守拙歸園田。方宅十餘畝，草屋八九間。榆柳蔭後簷，桃李羅堂前。曖曖遠人村，依依墟里煙，犬吠深巷中，雞鳴桑樹顛，戶庭無塵雜，虛空有餘閒。久在樊籠裏，復得返自然。

「照醉石村的情形看，和陶淵明的這首詩所描寫的情形大致不差。」我說。

「照醉石港的情形看，更像。」月仙說。

「何以見得？」我笑著問。

「『山澗清且淺，可以濯吾足』，你看這是不是寫實？」月仙指著醉石下面清澈的淺澗問我。現在的水不過幾寸深，大鵝卵石還露在水面。

「陶淵明的時代離我們很遠，他的生活環境卻在眼前，而且沒有什麼改變。」我指指周圍的環境說。這裏沒有白鹿洞、棲賢、萬杉、秀峰、歸宗諸寺那些參天古木，只有一些桃李桑柳之類的灌木，而且山村偏僻，遠離大路，真是「道狹草木長」，「曖曖遠人村」。

「陶淵明是真能耐得住寂寞。」月仙望了周圍一眼說。

「別的地方都比這裏好，您怎麼要到這裏來玩？」小尼姑笑著問月仙，又用手拍拍石頭：

「這塊石頭有什麼好看的？廬山多的是！」

月仙望著我笑，然後對她說：

「妳不知道，在這塊石頭上睡覺的是個了不起的古人。」

「他做過什麼大官？」小尼姑接著問。

「他只做過小小的縣長。」月仙說。

「這種小地方還會出縣長，那是什麼風水呀？」小尼姑望了周圍一眼，不覺好笑。

「所以他連一個小縣長也只做了八十幾天，就回來種田嘛！」月仙笑著說。

「一個種田的人又有什麼了不起呢？」小尼姑奇怪地問。

「糟，我這一下倒被她考住了！」月仙伏在我肩上笑了起來。

我也不禁失笑。小尼姑望著我們似懂非懂地笑，然後又扭扭身子問：

「你們葫蘆裏到底賣什麼藥呀？」

「我們賣的是黃連，沒有人要。」月仙抬起頭來笑著回答。

有幾個孩子圍著醉石看我們，有的端著碗在吃飯，我覺得有點餓，便對小尼姑說：

「守貞，妳看我們能不能在村子裏吃頓飯？」

「你們在這裏等著，我下去看看。」她迅速地滑下醉石，走進村中。

過了一會兒，她笑著跑了過來，把月仙牽下醉石，帶領我們走進村中一家陶姓人家。

這個村子裏面簡直沒有一個富戶，這家陶姓人家也平常得很，家長是一位四十多歲的莊稼人，沒有讀過什麼書。

他招待我們倒很熱忱，可是當月仙問他是陶淵明的第幾代後裔時，他卻咧著嘴說：

「我只知道是他的後人，妳問我是第幾代？時間這麼久了，我怎麼答得出來？」

「有沒有別人知道？」我問。

「我們醉石村都是捋牛尾巴的，沒有一個先生，還不是和我一樣？」他又咧咧嘴。

月仙奇怪地問：

「你們的祖先是位大詩人，你們怎麼不讀書呢？」

「我們都只種幾畝薄田，那有錢讀書？」他向月仙苦笑：「現在私塾廢了，洋學堂又貴又遠，還有力量跑到星子縣九江府去進學不成？」

月仙同情地望望他的孩子，四五個蘿蔔頭睜著眼睛望著我們，男的女的都是一雙赤腳，一個十一二歲的女孩子背上還揹著一個小的，可憐兮兮。

「他們沒有繼承陶淵明的詩人氣質，卻繼承了他的貧窮。」月仙乘主人離開時，輕輕地對我說。

「陶淵明對他幾個兒子知道的比我們清楚。」我說。

「老天對他太不公平。」月仙搖頭息。

主人端了幾樣青菜，一碗蒸蛋上來，另外還提了一壺米酒，抱歉地對我們說：

「真沒有想到會有貴客上醉石村來？鄉下實在沒有菜，請兩位喝杯水酒。」

本來我和月仙都不喝酒，我正在遲疑時，月仙卻把酒杯往我面前一放，輕盈淺笑：

「你喝一杯。看在陶淵明的面子上，我也喝一杯。」

第十七章 半路出家不自在 深山聞虎更生嗔

爬了七八里的山徑小路，我們才望見黃巖寺。

黃巖寺在雙劍峰下，黃石巖南面，秀峰寺西北，剛好是在半山上。

月仙中午喝了一杯酒，又爬了這一段山路，額上沁出汗珠，兩頰緋紅。

小尼姑的臉更紅得像人面桃花，嬌豔欲滴。月仙拉拉我的衣袖，輕輕地說：

「你看，守貞的臉色真好看！」

小尼姑聽見了馬上向月仙回眸一笑：

「妳還不是一樣？這是累出來的。」

「快到了，那我們休息一下吧？」我看她們兩人都有點累，指指路邊的大青石說。

月仙扶著我坐了下去，小尼姑也把箱子包袱放了下來。我問她以前來過這裏沒有？她搖搖頭。

「如果黃巖寺的和尚不收容我們，那今天晚上我們不是要餵老虎了？」我笑著對小尼姑說。據說這一帶的老虎很多。

「你放心，」小尼姑回答：「出家人不會做得這麼絕。予人方便，自己方便。」

黃巖寺看來很小，像一個普通人家，只是多了一重圍牆，有一層樓，建築形式不像廟宇。也不是紅牆，沒有山下那幾個大叢林的金碧輝煌的雄偉氣魄。寺的右邊不遠還有一家民房，孤孤單單，也沒有山下的民房大。

「要是和尚不肯收容我們，我們再和那家老百姓商量好了。」月仙指指民房說。

「不要耽心，」我笑著對月仙說：「有守貞替我們交涉，老虎都會把洞讓出來。」

月仙嗤的一笑。小尼姑瞟了我一眼，把嘴巴微微一撇：

「你好壞！總是讓我打頭陣。」

「妳的面子大嘛，老虎都得買妳的帳。」我說。

她吃吃地笑起來，又用手向我一指：

「哼！要是真的碰上了老虎，我就把你作肉豬。」

「出家人應當捨己救人才對，怎麼可以教別人送死？」我故意逗她。

「哼，風涼話誰不會講？要是真的到了生死關頭，誰願意做那種蠢事？還不是自己活命要緊？」

月仙望著她笑，她向月仙說：

「您不要笑，這是真的。」

「對，我歡喜聽真話。」月仙笑著點點頭。

坐了一會，月仙和小尼姑的臉色又恢復正常，額上也沒有汗，小尼姑先站起來，催我們走。

「在這裏休息，不如到廟裏好好休息。」小尼姑說著就把箱子包袱往肩上一揹。

我們跟著站起來。黃石巖的峭壁正抹著一層夕陽的餘暉，峭壁下面一片竹林和蘆葦也金光閃閃。

黃巖寺的院門是敞開的，一個四十多歲的和尚正在菜園澆水，他把院子裏的一點空地都作了菜園，種了一些韭菜，沿院牆周圍種了一些瓜豆，瓜苗豆苗剛剛出土。

他看見我們這幾個不速之客，起初有點愕然，隨後又望著小尼姑咧咧嘴：

「妳該不是找錯了山門吧？黃巖寺是和尚廟，不是尼姑庵。」

「老師父，我知道，」小尼姑笑盈盈地說：「我是帶他們兩位遊山的，天快黑了，想在寶寺借宿一宵，明天就走。」

和尚打量我們一眼，又望望小尼姑：

「妳是那個庵裏的？」

「觀音閣。」小尼姑說。

「觀音閣？」和尚又打量了小尼姑一眼，然後嘴一咧：「嘻嘻，少師父，妳這簡直是給我出難題目，我們小寺小廟，又沒有齋房客堂，怎樣接待賓客？」

「不必客氣，我們將就一夜，明天清早就走。」我說。

和尚望望我們，摸摸自己的光頭，頭皮上的癩痢疤比戒疤還多。小尼姑望著他調侃地說：

「老師父，你放心！我們不會白住，兩位會給香錢飯錢的。」

和尚又打量我們一眼，小尼姑趁機對我使了一個眼色，我立刻掏出皮匧，拿出一塊銀洋塞給他。

「這是香錢，小意思，看在菩薩面上，請你收下。」

「不好意思嘛！」他望著我尷尬地咧咧嘴。

「老師父，靠山吃山，靠水吃水，何況這是給菩薩點燈的香油錢，又不是你要，有什麼不好意思？我師父也是照收的。」小尼姑連忙接嘴。

「這樣說我就收下來給菩薩粧粧金好了。」和尚笑著把錢往口袋裏一塞，隨手接過小尼姑手中的箱子包袱：「隨我來。」

他一轉身，小尼姑就向我們擠擠眼睛一笑。

和尚得了錢之後，和我們有說有笑，我問他的法號，他告訴我他叫化雲。我看看寺裏只有他一個人，斷定他是這裏的當家和尚，便客氣地對他說：

「那你是這裏的方丈了。」

「好說，好說，小寺小廟，裏裏外外就只有我一個人。」

「你怎麼不收個徒弟？」

「唉！不瞞您先生說，」化雲的臉微微一紅：「我是半路出家，又不懂法事，還收什麼徒弟？」

「那你不是太寂寞了？」月仙問他。

「我是孤老命，只合深山住廟。這裏有一家老百姓，白天可以和他們談談，晚上可以聽老虎叫，也不算太寂寞。」

「這裏真有老虎？」月仙驚愕地問。

「這裏是老虎窩，一到半夜就出來打食，在山前山後吼叫。」化雲一面說一面把箱子提上樓。

他把月仙和小尼姑安置在一個簡陋的小房裏，房間裏只有一張木板床，沒有被褥，彷彿根本沒有人住。化雲把她們兩人安頓好之後，向我抱歉地說：

「對不起，小寺小廟，床帳被褥不夠，我只能勉強替她們兩位張羅一下，您先生就和我同床共被，將就一夜好了。」

化雲雖然一身髒相，但在人家屋簷下，不能不低頭。我心裏雖然不樂意，也只好點頭了。

化雲下樓之後，月仙拉拉我的衣袖，輕輕地說：

「今夜委屈你了。」

「別的不怕，我就怕惹身蝨子。」我笑著說。

「看他那副濟癲相，那真難保。」小尼姑吃吃地笑。

「那怎麼辦？」月仙望望小尼姑又望望我：「那寶貝貨一惹上身可不得了！」

「那我坐一夜好了。」我說。

「那怎麼行？明天還要走路。」月仙望著我說。

「還是您們兩位睡吧，我坐一夜好了。」小尼姑說。

「不行，妳明天還要揹東西。」月仙搖搖頭，又望望我說：「還是讓我坐一夜。」

「妳坐我也不能睡。」我指指床鋪說。

「是呀！他睡這裏我又到那裏去？」小尼姑望著月仙說。月仙望望她又望望我，不禁失笑。

化雲抱了一床藍色花土布被褥上來，往床板上一放，笑著對月仙和小尼姑說：

「兩位包涵一點，這還是臨時借來的。」

月仙說了一聲謝謝，化雲又對我們說：

「你們就在樓上休息一會兒，我去弄飯。」

說完他就匆匆地下樓了。

「真是，他連茶也不給我們一杯。」小尼姑搖搖頭，跟了下去。

我和月仙走到欄杆邊上，一眼就望見鄱陽湖，碧波盪漾，歸帆點點。姐妹峰在暮色蒼茫中，如兩姐妹攜手同歸，凌雲而上，嬝娜輕盈。月仙禁不住輕吟起曹樹龍那兩首絕妙好詩來。隨後又輕輕地說：

「化雲真算有福，住上了這麼好的地方。」

「我看他也和我一樣，糟蹋了山水。」小尼姑提著沖壺，拿著茶碗笑盈盈地走了過來。給我們一人倒了一碗冷茶。

「這和尚真不會待客，」小尼姑又向我們嘀咕：「連我師父都趕不上。現成的冷茶，也不曉得倒一碗，如果我不問他要，他連想也沒想到。真笨！」

「不要錯怪了他，」月仙說：「他忙著弄飯。」

「他可沒有忘記香錢？」小尼姑調侃地說：「真是半路出家，連規矩都沒有學會。」

「守貞，妳言重了。」

「您不知道，」守貞望著月仙說：「要是在觀音閣，我怠慢了客人，師父會用雞毛撣子抽我，您以為這碗飯很容易吃？可見得這和尚沒有受過折磨，才這樣粗心大意。」

「守貞，我真的不懂妳們出家人的規矩。」月仙歉意地拍拍她。

天色很快地暗下來，暮靄像一層薄薄的霧，使我們的視線逐漸模糊。鄱陽湖消失了，姐妹峰也消失了，山和雲一片模糊，終於被一大張黑色的網全部罩住。小尼姑點好菜油燈，兩根燈草，一燈如豆，這點昏黃的光，驅不走整個房間的黑暗。我們三人的面部也是模模糊糊的。

一入夜就沒有一點聲音，連一隻狗吠也聽不到，和這兩天在山下那種雞鳴犬吠相聞的情形完全不同，真靜。

化雲端了一盞菜油燈上來，請我們下去吃飯。我問他廟裏怎麼不養一隻狗？他向我一頓腳：

「嗨！不是沒有養！是養一條吃一條！」

「你關在院子裏面老虎就吃不到。」我指指五六尺高的圍牆說。

「嗨！」化雲把手在大腿上一拍：「您先生不知道，老虎就是跳進院子來吃的。」

「這麼厲害？」月仙吃驚地問。

「老虎又不講慈悲！」化雲粗魯地說：「我有一條大黑狗，長得像一條小豹子，我以為一定保得住，最後還不是被老虎咬死在院子裏。」

「那你在這裏住也很危險？」月仙說。

「現在是天一黑我就關門，初來這裏時我還懵懵懂懂，差點送掉一條命！」化雲一邊走一邊說。

月仙和小尼姑連忙追問，坐到飯桌之後他才講出這個故事。

一天晚上，他從星子縣摸黑回來，在山下老百姓家裏借了一盞馬燈，單人匹馬地摸上山，走到離寺還有一里多路的地方，他突然發現兩隻手電泡大小的綠光盯著他，他不敢前進，也不敢後退，一邊是山坡，一邊是懸崖。他情急智生，悄悄地把馬燈放在路上，人卻爬上山坡，潛行到老虎的上方，搬起一塊大石頭，往老虎腰上一砸，老虎兩眼一直盯著馬燈，沒有注意他，這一下剛好打個正著，老虎痛得大吼一聲，踉蹌而去。他提起馬燈，一口氣跑到廟裏，一身汗濕。

「真險！」化雲摸摸後頸窩：「如果不是那盞馬燈，那次我一定送命！」

「老虎是銅筋鐵骨，你怎麼打得牠痛？」小尼姑有點不相信。

「俗語說打蛇要打頭七寸，」化雲向她解釋：「老虎是銅頭鐵背麻布腰，我打在牠的腰上牠怎麼不痛？何況那是幾年前的事，我比現在年輕幾歲，又使出了吃奶的力氣。幸好是老虎，要是妳，腦殼不要砸開花？」他把手向小尼姑的光頭一指。

小尼姑瞪了他一眼，他把手一縮，得意地咧咧嘴。

「吹牛！」小尼姑白了他一眼。

「我幾十歲了，還向妳吹個甚麼牛？」化雲向小尼姑一指：「要是妳，早就駭軟了腳，駭破了膽！」

「以後你沒有再遇到牠？」月仙問他。

「要是再遇到牠，今天就遇不到您們了。」化雲把頸子一縮說。

我們吃飯，化雲捧著水煙袋蹲在凳子上陪我們聊天，他大概不漱口，再加上愛抽水煙，牙齒黃中帶黑。他抽得煙筒裏的水咕咕響，用力吸足一口煙之後忍了半天，再用力一噴，噴得老遠。

他講來講去都是講些老虎的故事，偶爾也講講野豬，但野豬的故事不夠動人，還是老虎的故事好，雖然講得顛三倒四，重重複複，他講得頂起勁，因此口沫亂飛。尤其是當他形容老虎吼叫時，真是「大吼一聲如雷震」，駭得小尼姑往月仙懷裏縮，他卻開心地大笑。

當我把月仙和小尼姑送進樓上的房間時，小尼姑用手撫著胸口笑罵化雲：

「這狗肉和尚真該死！他講得那麼怕人。」

「你說他碰見老虎的事是不是真的？」月仙笑著問我。

「如果照慧真的『子夜深山聞虎豹』那句詩看來，未嘗沒有可能。」我說。

「惟願今夜老虎不要跳進院子來。」月仙膽怯地說。

「現在又沒有狗，牠跳進院子幹什麼？」

「吃那個狗肉和尚嘛！」小尼姑笑著接嘴。

「他睡在廟裏吃他不到。」我說。

「老虎不會開門？」小尼姑笑著說。

「如果老虎會開門，化雲還能活到現在？」

「要是他真的碰了老虎一石頭，老虎一定會報仇，遲早要把他吃掉。」

「妳放心，鬼都怕惡人，老虎也怕死。」

小尼姑吃吃地笑起來。

我轉身下樓，月仙叫住我：

「你留在樓上好不好？」

「我留在樓上妳們怎麼睡覺？」

「我們三人坐一夜好了。」月仙望望小尼姑說。

「那怎麼行？明天要走路。」我說。

「我覺得樓上安全一點，老虎總不會上樓？」月仙望著我說。

「妳放心睡覺好了，不要談虎色變，樓下也很安全，何況我是和打虎英雄一道？」

我的話剛說完，小尼姑就嗤的一聲笑了出來，指著我說：

「何先生，您怎麼把高帽子亂戴？他是什麼英雄？」

「人不可貌相，海水不可斗量，妳不要看不起他。」

「我看他是烏龜曬背脊，死相！」小尼姑又嗤的一聲。

月仙望了小尼姑一眼，又望著我一笑，我也笑著走下樓。

化雲已經把床鋪鋪好，他的被褥也是藍花土布，污黑。他坐在床沿上捧著水煙袋吸得呼嚕呼嚕響，隨後裝了一筒煙，用手在煙袋嘴上一抹，遞了過來。我不吸煙，連忙謝了。他又往自己嘴裏一塞，呼嚕呼嚕地吸起來。

我想起小尼姑講他的那些話，心裏就有點好笑。

「你什麼時候出家的？」我問他。

「快十個年頭了。」他噴了一口煙說。

「你怎麼會想到出家？」

「他望了我一眼，又加了一筒煙，呼嚕呼嚕地吸了一陣，噴了一大口煙出來，才望著我慢吞吞地說：

「不瞞您說，孫傳芳、鄧如琢打垮以後，我就不想吃糧，也沒有地方去，想來想去，還是作和尚好些，因此牙一咬，在頭上燒了幾個疤。」

「燒戒痛不痛？」

「比在身上戳一刀好些。」他輕鬆地說：「吃過糧，戴過花，還在乎這幾個小疤？只當螞蟻咬了幾口。」

「這裏的香客多不多？」

「進香也找大廟，我這裏是鬼都不上門。」

「你怎麼不找個大廟？」

「大廟還輪得到我？我也不想吃天鵝肉，這比吃糧輕閒自在多了。」

「你倒知足。」

「我要是不知足，腦袋瓜子早搬家了。」

於是他提到過去那些打開城門放假三天的胡鬧故事，這些故事比打老虎精采得多，但講到最後他卻感慨地說：

「金子，花邊，女人，隨便你挑，當時並不覺得有那一點不對，現在想想真是造孽。」

「放下屠刀，立地成佛。」

「我倒不那樣癡心妄想，不打進阿鼻地獄就是好的。」

說著他把紙捻捏熄，把煙筒放在榻板頭邊。把衣服鞋子一脫，往被子裏一鑽，睡好以後才對我說：

「對不起，我先睡，您愛坐就多坐一會兒。」

我看被子那麼髒，實在不敢睡，便靠窗獨坐。

燈光黯淡，房間更顯得黝黑，牆壁上貼著的一些美孚亞細亞油桶上的紙畫也退了色，化雲頭邊的一張美女月份牌的封面，顏色已經變黃，不過她仍然望著睡著的化雲微笑。

這個寺無論從外表和內容來看都不大像一個廟，不但沒有山下萬杉、秀峰、歸宗諸寺那麼大那麼多的佛像，甚至觀音閣的那座一尺多高卻金碧輝煌的觀音大士像也沒有，只有一座和土地菩薩差不多大小的舊木龕，裏面放著一個小小的木偶，木龕前面放著一個藍花瓷器小香爐，引不起一種肅穆之感。

直到燈盞裏油盡燈枯，我才不能不睡。因為被子有一股霉濕氣味，我遲遲沒有睡著。

化雲沒有欺騙我們，這裏的確有老虎，還不到半夜，我就聽見虎嘯。最初似乎是從那峭壁下的那一片竹林蘆葦林中傳出來，慢慢地愈來愈近，吼聲也愈來愈大，最後竟沿著圍牆外面的那條山坡小路叫下來，彷彿就在窗子外面叫，幸好窗口極小，不然真有點耽心牠會從窗口鑽進來。

牠在寺外徘徊了不少時間，不時大叫一聲，的確令人膽顫心驚，化雲也被吵醒了。

「畜生！」化雲罵了一聲，坐了起來，拿起水煙袋，上了一袋煙，點燃紙捻吸了一口，才慢吞吞地說：「真吵得人睡不著覺！」

「老虎常常這樣叫嗎？」我覺得這隻老虎叫得有點奇怪，如果是找東西吃，不應該這樣打草驚蛇的。

「不，冬天就不是這樣，這是春天。這隻畜生是母的，不安分，叫春！」

「你怎麼知道？」

「嘿！老虎和貓一樣，我在山上住了這麼久，聽熟了。」

「那不是常常吵得你睡不著覺？」

「有什麼辦法？我又不敢在牠嘴上貼張膏藥。」

我忍不住笑出聲來。

老虎終於走了，邊叫邊走，越叫越遠，黃巖寺又一片寧靜。

化雲熄滅紙捻，放下煙袋，又躺下睡覺。不久，我也睡著了。

天濛濛亮，我和化雲同時起床。他並沒有唸經做法事，卻忙著煮飯。

我在院子裏散了一會兒步，呼吸了一會兒新鮮空氣，再上樓去。

我敲敲房門，月仙應了一聲，停了一會兒，過來把門打開，又隨手帶上，拉著我說：

「你聽見老虎叫沒有？」

我點點頭。

「我們縮成一團，駭出一身冷汗。」月仙輕輕地說。

「怎麼這樣膽小？」

「就像在牆外面叫，深更半夜，怎麼不怕？」她靠緊我，指指牆外。

我們在欄杆邊站了一會，清晨湖山如畫，姐妹峰彷彿招之欲來。

不久，小尼姑也起來了，她發現我們站在欄杆邊上，笑盈盈地走了過來。我問她受驚沒有？

她先是一笑，然後靠著月仙輕輕地說：

「這狗肉和尚膽子真不小。」

「人家吃過糧，打過仗的，不完全是吹牛。」我說。

「真的？」小尼姑雙腳輕輕一跳。

於是我把昨夜和化雲談話的情形大致告訴她。小尼姑聽了歉然一笑：

「我原先還以為他只是一個龐龐背脊的烏龜。」

「但願他立地成佛。」月仙接著說。

第十八章　送茶花小子許願
宿山莊主客盡歡

吃過早飯，我們就照化雲指示的路線，向五乳寺進發。因為怕遇著老虎，所以這段山路我們走得很快。黃巖寺和五乳寺是在一條線上，山路雖小，但不必爬上爬下。沿途風景也好，只是我們無心欣賞。

五乳寺比黃巖寺更加矮小，只有一個慈祥的老和尚。澗西卻在大興土木，彷彿是建新寺。五乳寺本身沒有什麼可看，寺前有一個憨山大師的小石塔，存明朝憨山大師衣缽，這是惟一的古蹟。可是風景卻很好，寺後五峰矗立如乳，還有一個相當大的瀑布。奔騰澎湃的聲音，在五乳寺聽得清清楚楚。東北二里左右有個臥龍崗，崗上有臥龍庵，祀諸葛孔明。老和尚說庵廢了，我們也就沒有上去。

我們只在五乳寺耽擱一盞茶的工夫，便隨著老和尚的指示，向棲賢寺進發，據老和尚告訴我們，五乳寺距棲賢寺只有十幾里路。

這一段路我們走得很從容，風景也實在幽美，頗有深山大壑之勝。離五乳寺不遠，一路都是茶油樹，白色的茶花正在盛開，山上一片白色的花海。小尼姑又忍不住折下幾枝。

中途有幾戶人家，都是茶農，我們在這裏休息下來，小尼姑代我們交涉了一頓午飯。

我們吃飯的這家黃姓人家有一位十七八歲的年輕人，是這家的長子，身體很健壯，像個小牛犢子，相貌也長得不壞。當我們一走到他門口時，他就睜大兩隻眼睛盯著小尼姑發呆。當小尼姑向他說明我們的來意，希望在他家裏吃頓午飯，他不待和家人商量就滿口答應下來，三步兩步跑了進去，過了一會兒笑容滿面地端了三把竹椅出來，望了我和月仙一眼，興奮地對小尼姑說：

「我娘答應了，就是沒有什麼好菜。不知道少師父和兩位貴客吃不吃得來？」

他又回頭望了我們一眼，我們點點頭說吃得來，他非常高興，隨即進去替我們倒了三碗茶來。

他母親從廚房裏伸出頭來向我們探望了一眼，又連忙縮了進去。

黃家門口面對七賢峰，峰頂上的杉樹像排筆伸向天空，蒼翠欲滴。

黃家大兒子坐在我們旁邊編織竹籃，他的手法很熟練，不必看著編，因此他不時瞟小尼姑一眼。小尼姑也不時和他搭訕幾句，低著頭看他編。

滿山的茶花開得非常好看，野蜂滿山飛，嗡嗡叫，黃家屋前屋後也開遍了茶花。

「這些茶花都是你們的？」月仙問黃家大兒子。

「一大半都是。」黃家大兒子抬頭望了一眼滿山的茶花。

「你們只種茶樹不種田？」小尼姑問他。

「山上不能種田，茶籽比米值錢。」

「茶花非常好看，你能不能送我幾棵？」小尼姑說。

「妳住在那裏？」他問。

「觀音閣。」

「是不是棲賢寺下面的觀音閣？」

小尼姑點點頭。

「那倒不遠，不過妳帶不動。」

「送佛送到西天，你可不可以給我送去？」小尼姑向他一笑。

他望了小尼姑一會兒，把頭一點：

「好！等下雨天我送兩棵去許願。」

「你許個什麼願？」小尼姑笑著問他。

他臉一紅，望著我們不好意思說。

「你是不是想娶個好媳婦？」我笑著問他。

「我那有你先生的好福氣？」他打量了我和月仙一眼，笑著說：「我們山裏人，還娶得到金枝玉葉兒不成？」

「那你多送幾棵茶樹去，向觀音菩薩許個重願好了。」

「不知道觀音菩薩是不是有求必應？」他望著小尼姑說。

「那要看你誠不誠心？」小尼姑賣弄地說。

「山裏人做事，實心實眼，不作興羼假。」他回答小尼姑。

他母親又從廚房裏把頭一伸，向他招招手，他連忙走了進去。不一會就端著飯菜走進堂屋，他把碗筷擺好之後再請我們進去吃飯。他母親這才走到堂屋來，說了幾句客氣話。這中年婦人看起來頂慈善的。她對我們有點怯生，對小尼姑卻如同家人，非常親切。

我們因為要趕上山去，飯後不多休息。小尼姑首先把箱子往身上一揹，黃家大兒子卻從她手裏接過來，笑著對我們說：

「我送你們幾位一程。」

我們不便峻拒，只好領情。

小尼姑一身輕鬆，更加愉快。他們兩人說說笑笑，使我們的心情也格外輕鬆。

他送了兩三里路，我和月仙一再請他轉去，他才把東西交給小尼姑，呆呆地望著我們。

「茶樹你一定要記得送去？」小尼姑對他說。

「我說一不二，一下雨就送。」他連忙回答。

我們請他轉去，他不得不回去，走了幾步又站住，回過頭來呆呆地望著小尼姑。

小尼姑似乎也有點神不守舍，山路本來不平，她高一腳低一腳地走著，彷彿喝了八成酒，一不小心，踏著一個大鵝卵石，石頭一滾，她的腳步一虛，身子一栽，我連忙伸手一抓，剛好抓住她的包袱，把她的身子穩住。月仙拍拍她，輕輕對她說：

「守貞，妳小心點兒。」

小尼姑的臉一紅，右腳把鵝卵石用力一撥，罵了一句：

「好狗不攔路，可惡的石頭！」

鵝卵石滾瓜般地滾了下去，她看了又嗤的一笑。

到了棲賢寺，觀音閣就很近，月仙在我皮篋裏摸出兩塊大頭，塞給小尼姑：

「守貞，謝謝妳了，這是我們給妳的零用錢，工錢已經交給妳師父，現在妳可以回去。」

小尼姑一怔，彷彿沒有想到我們就要分手，她怔怔望著月仙，眼圈一紅，把錢輕輕一推：

「不，你們待我太好，我不能受。」

「妳一定要收下，」月仙輕輕地說，像哄小妹妹：「這只是我們的一點心意，妳這麼大了，身上也應該有點錢，這是我們給妳的，不必交給師父。」

「這怎麼好意思？」她滾出兩顆黃豆大的淚珠。

「沒有什麼不好意思，」月仙拍拍她：「這幾天你幫了我們很多忙，應得的。」

「妳不是已經給了師父？」

「那是官價，這是黑市。」月仙拍拍她，輕輕一笑。

她向我們再三謝謝，把兩塊大頭包在手帕裏面，塞進內衣口袋。

她要我們再到觀音閣去，我們婉謝，她卻拉著月仙說：

「再去住一夜，我買隻老母雞請新娘子殺給妳吃，妳太瘦。」
「謝謝妳，」月仙笑著回答：「我是吃不胖的。」
「去！老母雞你也有份。」小尼姑又來拉我。
「我們出來好幾天了，回去比吃老母雞要緊。」我說。
她放下我，望著我們歎了一口氣，然後又兩眉飛揚，輕盈淺笑：
「那我送你們上含鄱口好了。」
「不行，那你就回不了觀音閣。」月仙搖搖頭。
「摸黑也沒有關係。」小尼姑說。
「你師父不放心，我也不放心。」月仙說。
「那我送你們到息肩亭好了。」
「不必送，我提得動。」我說。
「這不是燈草，上山比下山更難。我多送你一步路，你就少喘一口氣。」
「我會幫他提。」月仙指指我說。
她望望月仙噗哧一笑：
「罷了！妳金枝玉葉兒的，上山就夠妳累呢！」
她揹著箱子包袱就走，我們拗不過她，只好跟著她走。
走到大石頭，我們請她轉去，她把頭一搖，連歇都不肯歇一下。

「我說了送到息肩亭，那裏上山剛好一半路。」她說。

上山的確比下山吃力，我和月仙都有點喘氣，小尼姑的頭上冒出汗珠，她的手帕包了銀洋，隨手舉起袖子擦擦。

走到息肩亭，我們三人都很累。這幾天來，要算今天走的路最多，昨天晚上又沒有睡好，更容易疲勞。

一方面是累，一方面我們和小尼姑都有點不忍分手，在息肩亭一坐就坐了半個鐘頭。月仙看看太陽已經躲進山峰後面去了，怕小尼姑摸黑，提醒她說：

「守貞，我看妳該走了。」

「哎！我真不想離開你們。」小尼姑望了我們一眼。

「以後妳上山時可以常到心園來找我們。」月仙說。

「你們在山上還有多少時間？」

「我們準備長住下去。」

「那就好，」小尼姑高興地說：「我可以多看看你們。」

「歡迎妳去，」月仙拍拍她：「現在妳可以走了。」

小尼姑把白布包袱從箱子上解開，往腋下一挾，悵然地望著我們，輕輕地說了一聲：

「我走了！」

我們把她送出息肩亭，她走了幾步又回過頭來說：

「我真想把你們送到心園，我認識那棟洋房子。」

「謝謝妳，妳快點回觀音閣吧！」月仙向她揮揮手：「免得師父掛念。」

小尼姑輕輕地歎口氣，黯然地走下石級。

她走遠之後，月仙也輕輕歎口氣。

「妳歎什麼氣？」我笑著問月仙。

「我也說不出來，」月仙向我黯然一笑：「我只覺得她出家住廟，有點兒不對路。」

「老天要這樣安排，那又有什麼辦法？」

月仙又歎口氣，扶著我走進息肩亭。

我不自覺地打了一個呵欠，月仙關心地問：

「你昨天晚上沒有睡好？」

「起先我不想睡，後來又被老虎叫得睡不著。」

「我先是睡著了，後來被老虎一叫，瞌睡都駭跑了。」月仙笑著接嘴。

「化雲說那是一隻母老虎，像貓兒叫春一樣。」

「你信他胡扯？」月仙望著我說。

「近水知魚性，近山識鳥音。老虎叫春也不一定是胡扯。」

「那隻鬼老虎真駭出我一身冷汗！」月仙笑著掏出手絹，在臉上一抹：「守貞又死抱著我不放，氣都喘不過來，真要命！」

我哈哈一笑，月仙又接著說：

「甚至老虎走了她都不放手。」

「老虎走了還怕什麼？」我奇怪地問。

月仙望了我半天，突然嗤的一聲：

「你怎麼聰明一世，胡塗一時？一點兒也不懂得黃花閨女的心理？」

我失聲大笑。想起化雲那隻壓在我身上的臭腳，更是笑個不停。月仙奇怪地問我：

「你怎麼這樣傻笑？」

「妳比我好些。」我忍住笑說。

「我怎麼比你好些？」

「妳不知道化雲那雙臭腳壓在我身上有多難受！」

「難怪你起得那麼早！」月仙用手絹蒙著嘴笑。

「人總是人，我們不能怪他們。」月仙笑過之後，寬容地說。

「誰怪他們？妳喜歡守貞，我也不討厭化雲。」

「他們和我們一樣，都是芸芸眾生。他們現的正是眾生相。」

「我相信慧真聽了妳的話也會點頭。」

「他是有道高僧，也許他能看見佛相。」

我看看天色不早，提起小皮箱。月仙警覺地望望太乙峰，自咎地說：

「唉！我們只顧談話，忘記趕路。」

「別慌，萬一來不及，我們就在太乙莊住一夜好了。」我說。

「怎麼好意思，老是打擾人家？」月仙兩眉微微一皺。

「顏太太還欠我們一隻老母雞，我們索性去吃一頓好了！」我輕輕地說。

「你的記性這倒不壞！」月仙輕輕一笑：「將來拿什麼還顏太太？」

「鄱陽湖的水，廬山的清風明月。」

「那有這種塡情法子？」月仙笑著搖頭。

「對他們還能像妳對小尼姑一樣，送兩塊大頭？」

「恕我俗氣。」

休息久了。兩條腿反而僵硬起來，像拖著兩根鐵棒槌，很重。月仙扶著我一步一移，我提著皮箱更覺吃力。

「妳在小尼姑面前許願，說是幫著我提，現在該兌現了？」我笑問月仙。

「抱歉，」她望著我搖頭苦笑：「現在我真應了老王那句話兒——泥巴菩薩過江，自身難保。」

我看她走得非常吃力，腿子抬不起來，便連提帶拉地一級級往上帶。爬上三兩百級，又休息一下，這樣走走停停，走到太乙莊的那個茅草亭子時，已經夕陽滿山了。

顏先生和顏太太攜手併肩地在太乙莊門口散步，欣賞落日的餘暉。顏先生一看見我們，健步如飛地趕了過來。顏太太也在他後面風擺柳地向我們晃呀晃的晃個不停，人距離我們很遠，歡樂的笑聲卻早傳到我們的耳邊。

「你們兩位真好興致，在山南一玩就玩了這麼多天。」顏先生首先握著我的手說。

月仙不等顏太太趕來，便鼓起精神，碎步跑了過去。他們兩人親熱得很，顏太太像歡迎歸寧的女兒似地端詳了月仙一番，哈哈笑地說：

「男人都是花腳貓兒，妳跟著何先生到處跑，人都曬黑了。」

「這不能怪他，是我自願的。」月仙笑著回答。

「好！你們真是一個鼻孔出氣，」顏太太向月仙笑容可掬地說，又用手向我一指：「幸好我沒有罵他。」

「老前輩，您罵罵他又有什麼關係？」月仙說。

「我不敢罵，」顏太太搖搖頭風趣地說：「一罵你們兩人都不來，那我不變成了兔兒望月？」

我和月仙顏先生同時笑了起來，顏先生接著說：

「下次你要是得罪了我，我也不來。」

「那我正好開小差到南京去，讓你一個人守著清風明月。」顏太太笑著回答。

顏先生望著我和月仙啞然失笑，隨後拍拍我的肩，指指月仙：

「賢弟臺，還是你好！她專捧你的場，不拆你的臺。」

「誰叫你早不求神拜佛?」顏太太望著顏先生說:「何先生是前世修來的。」

「老前輩,妳真折死我了,我怎麼能比您呀?」月仙客氣地說。

「我們不要上他的當,」顏太太笑著往顏先生身上一指,輕輕地說:「讓你們男人去比,我們不要比。」

月仙忍不住噗哧一聲笑了出來。顏先生右手握著我的手,左手向顏太太一指,輕輕地說:

「我們也不要中她的計。」

我哈哈大笑,月仙笑彎了腰,過了一會兒才攙扶著顏太太走進太乙莊。

雞要上塒,都棲在門口,顏先生忽然靈機一動,指著那群肥雞對顏太太說:

「上次妳要我海底撈月,滿山趕雞,現在雞在門口,妳怎麼不提殺雞的事?莫非是虛情假意?」

「你別冤我,你揀最肥的抓好了,」顏太太回頭一笑:「我不把你當偷雞賊就是。」

第十九章　滿園春色籬邊鬧
一襲紅妝對面來

我們在太乙莊睡了一夜好覺，吃了一隻肥雞，第二天上午才回到心園。

老王望見我們，連忙趕到小橋邊來迎接，我們個把禮拜不見面，彼此覺得更加親熱。他從我手裏接過皮箱，端詳了我們一眼說：

「你們都曬黑了一些。」

「真的？」月仙笑著回答：「我倒不覺得。」

「您沒有照鏡子？」

「我沒有注意。」

「幸好是春天，要是夏天，像您這樣細皮白肉，準會脫一層皮，或者生疱生癤。」老王說。

「老王，徐先生有信來沒有？」我問。

「有一封。」老王說。

「說些什麼？」

「放在您桌上，我沒有拆開。」

「你怎麼不拆開看看？」

「信是寫給您的，我怎麼好拆？」

院子裏的杜鵑花已經開了，竹林樹林裏的杜鵑也正在開。山上的杜鵑比山下要遲一點開，顏色卻有兩種，一種是紅色，一種是黃色。

老王先把箱子提了進去，我和月仙在院子裏看看杜鵑，看看梅樹，梅樹的葉子已經完全長成，綠得十分好看。

院子裏的竹筍爆出很多，老王也挖了不少，籬邊有一棵竹筍已經長得和月仙一般高了，真快。

竹林裏的新筍大概老王沒有挖，多半有一人高了，小的嫩的還在繼續爆出來。

我們回到房間裏面，有一種特別親切的感覺，如老友重逢。老王把房間裏打掃得乾乾淨淨，一塵不染。月仙拉開所有的窗帘，溫暖的陽光立刻照射進來，更顯得窗明几淨。

我拆開人仰的信，他告訴我們生意非常順手，要我們安心地在山上悠游歲月。今年夏天他們兩夫婦準備提前上山陪陪我們。月仙看了非常高興，輕輕地說了一聲：

「徐先生對我們真好。」

「人仰雖然是個生意人，倒是很講義氣，很重感情。」我說。

「如果他們真的提早上山，那我們過得更有意思。」月仙說。

的確，人仰夫婦都是快活人，也很風趣，他們的女兒小雯更活潑可愛，他們一上山來就熱鬧了。

老王不聲不響地替我們燒好了洗澡水，他來請我們洗澡時，我忽然覺得一身都癢了起來。月仙感謝地說：

「老王，這真難為你。」

「你們出去玩了幾天，總會出點汗，洗了澡好過些。」老王說。

我想看看報，讓月仙先洗。她洗頭，洗澡，費了不少時間。洗完以後，又替我找出換洗的內衣，送到洗澡間去，然後笑著對我說：

「請。」

我把一大卷報紙交給她，她往懷裏一抱，笑著問我：

「有沒有什麼重大的新聞？」

「西線無戰爭，天下太平。」我笑著回答。我前幾天才看完雷馬克的那本小說，現在國際間好像不會有大戰，國內正欣欣向榮，日本人雖然欺侮我們，我也背著「抗日份子」的罪嫌遠離上海，隱居廬山，但當局好像在忍辱負重，所以很有一點國泰民安的樣子。

我走進洗澡間，發現月仙把我的衣服放得整整齊齊，澡池洗得乾乾淨淨。我心裏非常高興，也非常感激，由於她愛乾淨，我也跟著乾淨起來。

洗澡時我發現身上有幾個紅點，我有點奇怪，忽然想起黃巖寺的化雲來，連忙翻翻換下的內衣，糟！脅下，衣縫裏有好幾個大蝨！

我匆匆地洗過澡出來，悄悄地告訴月仙，月仙先是微微一怔，隨後不禁失笑：

「你真的惹上了那寶貝貨？」

「可不是？肥肥的，像坦克車。」

月仙嗤的一笑，我對她說：

「趕快想個辦法消滅它，不然多子多孫可不得了。」

月仙想了一下，牽著我走進廚房，對老王說。

「老王，麻煩您再燒鍋開水。」

「您想再洗個澡？」老王奇怪地問。

月仙遲疑了一下，尷尬地說。

「不，何先生在和尚廟裏惹了蝨。」

「蝨？」老王望著我：「那小王八日生一千，夜生一萬，惹不得！」

「我想燒鍋開水燙燙。」月仙說。

「這得下狠心，」老王說：「讓我來煮它幾個鐘頭，那和尚太慈悲了。」

「老王，那是個怪和尚，只打老虎，不管蝨子。」我說。

老王聽說和尚打老虎，馬上肅然起敬，向我盤根究底，使我費了一番口舌，但我始終沒有說出化雲那個髒相，因此留在老王的腦筋裏的化雲是個英雄和尚。

「可惜我沒有陪兩位一道去見識一下。」老王有點遺憾。

「老王，你沒去也好，不然你也會惹一身蝨。」我把衣服交給老王。老王接過去連忙往銅臉盆一塞，加兩瓢水，放在熊熊的炭爐上。

「老王，得罪了！」月仙笑著說。

「您放心，我不是菩薩心腸，滾湯潑老鼠，一個也不放生。」老王說。

洗過澡後一身輕鬆舒適。月仙頭髮未乾，她要我陪她出去散散步，吹吹風。

山上的杜鵑開得真好，紅的嫣紅，黃的蛋黃一般的黃。月仙禁不住拉著我爬上山去折了幾枝。

「要是守貞和我們一道，就用不著妳勞步了。」我說。

「真的，你一提起她，我倒有點想念了。」月仙望著我說。

不但她有點想念，我也有點想念，我們在一起生活了幾天，突然不見，好像失落了一樣東西似的。

「如果她沒有出家，我們倒可以請她在山上住幾天。」我說。

「那我真想教她讀點書。」月仙望著我說：「我相信一教就會，不要費多少力氣。」

「如果她也讀了書，那真要替廬山生色不少。」

「也許我們無緣遇到她？」

這倒是真的。如果她不住在觀音閣當小尼姑，我們就不會有這段緣份了。

春風溫柔如水，輕輕地拂著月仙的黑髮，拂著青青的竹葉，拂著鮮豔的杜鵑花。

月仙的頭髮還很潮濕，她拉著我在一塊青石上坐下，正好面對著馬蘭的房子。

馬蘭有好幾天沒有見面，不知道她父女兩人生活怎樣？我們接觸的人少，又很快地想到她。她可能沒有發現我們回來，不然會來找我們的。

她房子後面的杜鵑也在開花，樹木一片新綠，綠樹紅瓦，顯得格外好看。

暖風薰得欲人醉，太陽曬在身上幾乎使人酥軟下來。我不由自主地躺在青石上想小睡一會兒，忽然聽見月仙驚喜地說了一聲「馬蘭」。

我抬頭一望，發現馬蘭穿著紅上衣，黑長褲，手裏拿著一柄鏟子從房子裏走出來。月仙向她揮動手裏的杜鵑花，她發現了我們，把手裏的鏟子一拋，向我們跑來。她跑得很快，月仙耽心她跌倒，我坐起來對月仙說：

「妳放心，雪天她都不跌跤，現在更不會陰溝裏翻船。」

果然，她很快地跑了過來，又笑著叫著爬上山坡，我們站起來迎接她，她一跑到就把我們一抱，笑著問：

「你們什麼時候回來的？」

「今天，回來沒有好久。」月仙說。

她放下我，拉著月仙的手，天真地說：

「我真耽心你們不會回來。」

月仙讓她坐在青石上休息，她的呼吸有點急迫，胸部如起伏的波浪。

「馬蘭，妳父親好嗎？」我問她。

「很好，」她點點頭：「春天來了，他好像也很快活。他很喜歡這裏的春天。」

「妳呢？」月仙問她。

「我自然更喜歡，」她望著月仙，又指指月仙手上的杜鵑：「你看，這花兒開得好多！以前我就沒有見過。」

「山南更多，開得更早。」月仙說。

「這次你們玩得好？」她望望我們兩人。

我點點頭，月仙問她：

「妳出去玩沒有？」

「沒有，」她搖搖頭：「我人生地不熟，到那兒去玩？還不如在家裏啃啃《紅樓夢》。」

這本書她借去好久，一直沒有提起，我們也沒有問她，現在提起來了，月仙就隨口問了一句：

「妳看完沒有？」

「前天才啃完，」她笑著回答：「那裏面的小姐真是又聰明又美麗，可惜她們寫的詩我看不懂，我真的連那些丫頭都不如。」

「妳太客氣。」月仙說。

「不是客氣，」她用力搖頭：「她們都是那麼文文靜靜，要是我在大觀園，那不是個野女人？」

月仙拂拂馬蘭的長髮，輕輕地說：

「這就因為妳身上流著的是俄國人的血，妳又不是在賈府長大的，自然不同些。」

「我看只有中國才會出那樣的女人，」她靠著月仙說：「不但俄國不出，法國、英國、美國也不出，猶太女人我也碰見過，完全不是那回事。就以日本女人來說，我在東三省和她們相處很久，也不是那個味兒。」

「妳不能拿現在的人和一兩百年前的人打比。」月仙笑著說。

「和現在的人比也不同，」她把身子坐正，盯著月仙：「我像吉布賽人，跑得多，見得多，也沒有見過一個外國女人像妳這個樣子！」

「我這樣子有什麼稀奇？」

「這我就說不出來啦！」她笑著握住月仙散開的黑髮，用手捋捋：「中國書我讀得少，中國話也沒有妳們會講，要是把老虎畫成了狗那不糟糕？」

「馬蘭，妳真了不起！」月仙讚美她：「我要是妳，恐怕連一個俄國字也不認識，一句俄國話也不會講呢？」

「妳這才叫客氣啦！」馬蘭搖搖月仙的肩膀，月仙被她搖得身子一晃，幾乎跌倒。

「我是風都吹得倒，妳用這麼大的力氣幹什麼？」月仙向她一笑。

馬蘭望了我一眼，哈哈地笑。

月仙頭髮已經乾爽，她伸手摸摸，望了我一眼說：

「我們剛洗過澡，不要又曬出一身汗！」

「那就回去吧。」我說。

馬蘭一躍而起，隨手把月仙拖了起來。

她們手牽著手走下山坡，像一對異國的姊妹。

走到林蔭路上，又一身清爽，我們不自覺地踏著金錢豹花紋般的陰影，信步而行。黃沙路柔軟乾淨，像用水洗過了一般。

樹上的鳥兒像是歡迎我們似的，我們走過時就有一陣陣清歌，樹上的鳥聲和小溪中潺潺的流泉，是山上最好的音樂。

「可惜這樣好的春光，沒有人來享受。」月仙婉惜地說。

除了我們三人之外，路上沒有別人，雖然不像冬天那樣空山寂寂，卻有一份難得的安寧。

「我父親常常一個人坐在院子裏，看看紅花綠葉，聽聽鳥叫，摸摸鬍鬚，像個彼得大帝。」

馬蘭笑著接嘴。

「一山的春光，由他一個人享受，他自然得意。」我說。

「他心裏快活，我也耳根清靜。」

「他不再和你談他的光榮歷史了？」

「這也得感謝你們的《三國演義》，」馬蘭望著我們說：「他最近常常和我談起那裏面的將軍，他很佩服他們，他說俄國沒有那樣的將軍。原先他只佩服蒙古人。」

「當那些將軍叱咤風雲的時候，俄國還沒有開化。」我說。

「這我就不知道，俄國我瞭解的實在太少，又多半是從我父親嘴裏聽來的。」馬蘭說。

馬蘭的父親突然出現在院子門口，一臉的鬍鬚，遠遠看去真有點像個野人。他喊了聲「索非亞」，又向馬蘭招手，馬蘭向我們說了聲再見，拔腳飛跑，跑到門口時，馬林斯基雙臂一張，把她抱住，然後父女兩人擁著走進院子。

「我們中國人就不會這樣。」月仙看了向我一笑：「這麼大的女兒了，還好意思？」

「他們精神上沒有什麼負擔，我們卻要挑起五千年的歷史。」

月仙默然無語，挽著我走回「心園」。

她把杜鵑插在瓶裏，用水養著，然後坐在鏡前整理頭髮。

我坐在書房裏看報，許多天的報紙，夠瞧的。

月仙整理好頭髮出來，剛在我旁邊坐下，老王就來叫我們吃飯。

老王多弄了兩樣菜，其中有一盤炒蛋，我笑著問他：

「老王，這是鳥蛋還是雞蛋？」

「嗨！那來的鳥蛋？」老王笑著回答：「前天有個鄉下人上山，我買了五斗米，他那十幾個雞蛋也全買了，特地炒給您們接風。」

「老王，你自己吃吧，」月仙說：「昨天晚上我們在太乙莊吃了一隻全雞。」

「嘿！兩位的口福倒真不錯，」老王望著我們說：「山上的雞貴似鳳凰，主人真算捨己。黃龍寺招待闊佬也只能弄隻素雞。」

「蛋是不是也很貴？」月仙問。

「那自然得雙倍的價錢，牯嶺街上還辦不到。」

「老王，我們也養幾隻雞好不好？」

「罷了，您這樣乾乾淨淨不好？何必惹身雞屎臭！」

老王澹然一笑，月仙也一笑而罷。

飯後，我一身慵倦，不自禁地打了一個呵欠，月仙笑著對我說：

「這幾天玩累了，去睡一會兒。」

「妳不睡？」我問她。

「你睡，我看看報。」她隨手拿起一份報紙，笑著坐了下去。

我上床不久就睡著了，而且睡得很甜，很安靜，房子裏本來很靜，老王一向不打擾我們，月仙靜靜地看報，窗外的鳥聲剛好變成了催眠曲。

我一覺醒來時，已經日薄崦嵫，月仙正伏在桌上握管沉思。我走近一看，原來她在早些時畫的那幅梅花上補了一對小鳥，又在上角題了幾行小字，字剛寫完，只是沒有落款。原來她題的是向子諲的〈梅花引〉詞：

花如頰，梅如葉，小時笑弄階前月。最盈盈，最惺惺，鬧愁未識，無計說深情。一年空省春風面，花落花開不相見。要相逢，得相逢，須信靈犀，中自有心通。同杯杓，同斟酌，千愁一醉都忘卻。花陰邊，柳陰邊，幾回擬待，偷憐不成憐，傷春玉瘦慵梳掠，拋擲琵琶閑處著。莫猜疑，莫嫌遲，鴛鴦翡翠，終是一雙飛。

那對鳥就是我們第一次看見的那兩隻小鳥，到現在我們還不知道牠們叫什麼名字？我指著那對小鳥說：

「牠們既非鴛鴦，又非畫眉，更不常見，你畫出來別人也不認識。」

「我們認識就行，何必別人認識？」她笑著回答。

「人有名，樹有影，牠們也總得有個名字？」

「我們就叫牠翡翠鳥好了。」她笑著回答，對於她的胡謅我也好笑。

「可惜字太多，怎麼不落款？」我指著那幾行字問她。她的字瘦而精神，秀而不弱。

「字和畫都不登大雅，只是，我們兩人看看，何必落款？」她望著我說。

「癩痢頭的兒子也是自己生的，難道妳想賴賬？」我笑著說。

她輕輕一笑，終於寫下自己的名字和年月。然後又輕輕地把那首詩唸了一遍，唸到「要相逢，得相逢，須信靈犀，中自有心通」和「莫猜疑，莫嫌遲，鴛鴦翡翠，終是一雙飛」時，聲音提高了點，同時向我回眸一笑。

第二十章　沙彌抱樹嫌手短　紅粉游潭怒氣生

上次馬蘭同我們去黃龍寺，只到山後，沒有到寺裏去。今天她要求我們帶她去黃龍寺玩玩，我們和慧真也有好久沒有見面，便答應陪她去。

天氣是一天天暖起來，我和月仙也穿得比往日少，馬蘭穿得更單薄，簡直近乎夏天的服裝了。

夜晚下了幾陣小雨，樹木都像水洗過似的新鮮翠綠，白天麗日一照，閃閃發亮，和風一吹，輕搖款擺，真如二八佳人的綽約風姿。

路有點潮濕，空中沒有一粒灰塵，空氣清新得很，廬山就是這麼乾淨。房子裏不會沾染灰塵，走在外面衣服是乾乾淨淨，呼吸也格外舒暢。

山上的杜鵑完全盛開，路旁小溪澗邊還開著一種與木耳同上酒席的黃花，馬蘭摘了一些。青芝老人的石凳，經過晚上的小雨，真像剛抹過一般。月仙忍不住在上面坐坐。這位平民主席，替別人設想得也很週到，每隔兩三百步，就有一個石凳，供遊客休息。在冬天雖然沒有作用，我們也不注意，一到夏天，就會有人想起青芝老人了。

黃龍寺山上的竹筍，有的已經長到丈把高了，開始發出嫩綠的枝葉，像羞怯的小姑娘，站在黛綠年華的姑嫂腋下，偷看別人。新筍還未停止爆發，不過沒有以前那麼多。

黃龍寺的和尚們，對我和月仙已經很熟，對馬蘭卻感到陌生，都以好奇的眼光望著她。了緣一看見我們，就飛步上樓去報告慧真。

馬蘭因為要參觀黃龍寺，所以我們不先上樓。慧真下來之後，和我們親熱地打招呼，也多看了馬蘭兩眼，我把馬蘭介紹給他，他又驚奇地望了她兩眼，連說了兩聲「有緣」。

慧真陪我們參觀大殿，我和月仙都來過，不覺得有什麼新奇。馬蘭是第一次來，東看看，西望望，佛像她有興趣，對大殿內那個龍眼石更是好奇，用棍子敲敲，發出比一般石頭更響亮的金屬聲音。月仙從前以為不過是一個普通石頭，沒有敲，也沒有注意，我因為不相信和尚們的龍眼龍口的神話，沒有向她特別介紹。她現在聽出不同的聲音，也有點奇怪了。

慧真不大和我談神怪之事，他對這石頭也沒有特別介紹，站在他旁邊的一個中年和尚卻強調說這是龍口，下雨天有水自石洞中流出。我來的時候多是好天，無法證實他的話，不過這石頭特別潮濕倒是真的。

「了緣說你們上次來過，怎麼過門不入？」慧真笑著問我。

「那次是散步散過來的，怎麼好意思老是打擾你？」我說。

「這麼好的春天，你們怎麼不常過來玩玩？」慧真望望我和月仙說。

「我們去過山南一趟。」我說。

「那很好，山南大叢林多，風景也好。」慧真說。

我忽然想起棲賢寺的方丈能印託我問候他，便代為致意。他也探問了一下能印的情形。隨後他又要我們上樓去坐坐。

我們一上樓，了緣就端了三杯蓋碗茶來，當他把茶遞給馬蘭時，他又兩眼瞪瞪地看了她一眼。

「古居士，山南名勝古蹟很多，妳歡喜那些地方？」慧真笑著問月仙。

「劉姥姥進大觀園，這真不知道從那裏說起？」月仙笑著回答：「廬山真是處處都好，不過我是女人，我很歡喜那對小巧玲瓏的姊妹峰。」

「的確，那真是天地的造化，巧！」慧真點點頭。

「你讀過清朝曹樹龍詠姊妹峰那兩首詩沒有？」我問慧真。

「沒有。」慧真笑著搖搖頭。

於是我把聽到那兩首詩的經過情形告訴他，月仙又把那兩首詩唸給他聽，他撫掌一笑，說了一個「妙」字。隨後又到他的禪房取出一首墨筆寫的詩稿給我們看，這是一首五律：

萬木亂參天，孤峰對鐵船。

客困看畫至，寺以伏龍傳。
寶笈悲前代，蒲團坐小年。
松花吹不定，半落講堂邊。

我們看過之後他連忙收起來，笑著問我和月仙：

「你們兩位猜猜看，這首詩是寫什麼地方？」

「是不是寫黃龍寺？」月仙問。

「古居士真是解人，一猜就中。」慧真笑著點頭，又問我：「你看這首詩怎樣？」

「好，既切題，又瀟脫。」我說：「這是誰的大作？」

「是清人閔麟嗣的作品。」慧真說：「我坦白告訴你，詠廬山叢林的詩我都讀過，就是因為讀了這首詩，我才看中黃龍寺。散原老人也為黃龍寺寫過幾首詩，可是我就偏愛這一首。」

「這和曹樹龍詠姊妹峰的那兩首不同。」月仙說。

「當然，」慧真點點頭：「曹樹龍的詩風流蘊藉，很有才情，無怪你們兩位喜歡。可是我是方外人，還是歡喜這首帶點兒禪味的詩。」

「你怎麼早不給我看？」我說。

「從前我們沒有談到這些，剛才要不是兩位提起清朝曹樹龍的詩，我也不會想起這首詩來。」慧真說。

馬蘭聽著這些話，迷惘地望著我們，似懂不懂。慧真望著她笑笑：

「你們外國檀越，不會瞭解這些。」

馬蘭天真地一笑，不以為忤。

「我想帶她們去黃龍潭、烏龍潭看看。」我不想多打擾慧真，首先站起來。

「我陪你去好了。」慧真客氣地說。

「那不敢當，我們自己去。」月仙說。

「那我要了緣陪你們去，」慧真立刻吩咐了緣，又叮囑我們一句：「小心路滑。」

了緣聽說要他陪我們去黃龍潭、烏龍潭，掩飾不住內心的喜悅，立刻喜上眉梢，邁步就走。

慧真又吩咐他兩句：

「你要小心照顧他們三位，不要冒冒失失。」

了緣連忙點頭，生怕不讓他去。

一離開黃龍寺，了緣就輕鬆起來，走路一跳一跳。走到大寶樹下面，馬蘭要停下來看看，我們自然依她。圍樹的木柵已經朽壞，她走近用手一抱，還差很遠，她立刻向了緣把手一招：

「你來！」

了緣很快地走了過去。她拉住了緣的手，再一合抱，仍然沒有抱攏。她笑著對了緣說：

「你的手太短！」

了緣的臉一紅，望望被她拉過的手，在袈裟上擦了一下，抬起頭來對馬蘭說：

「不是我的手太短，是樹太粗。」

馬蘭望著他一笑，向我們走來，輕輕地對月仙說：

「他還不蠢。」

「誰說他蠢？」月仙輕輕一笑。

「我看他那樣呆頭呆腦看人，以為他蠢。」馬蘭在月仙的耳邊說。

從寶樹下去不遠，林木森森，古木寒籐交相糾纏，濃蔭蔽日，小徑潮濕，苔蘚叢生。了緣若無其事地走在前面，馬蘭也跟在他後面亦步亦趨，月仙卻小心謹慎地牽著我，同時叫他們兩人小心。

半路上有一塊「降龍石」，比桌面小不了多少，明朝王士昌在石上刻了「降龍」兩字，字跡還很清晰。因為見不到陽光，石頭也很潤濕，周圍長了不少青苔。

從降龍石下去一兩百步，就到了黃龍潭了。潭在兩山之間，和玉淵的面積相差不多，但潭水的顏色更深，微帶黝黑。瀑布由懸崖直瀉而下，注入潭中，聲如雷鳴，山谷響應，水花四濺，如飛絮飄雪。

月仙抽出手絹，墊在石上坐下，馬蘭也在她身邊坐下。這裏陰涼得很，月仙把毛線衣披上，馬蘭仍然是那身單薄的肉紅色上衣，黑西裝褲。

了緣站在潭邊指手畫腳，月仙提醒他說：

「了緣，你小心點。」

「妳放心，這口水還淹我不死。」了緣回過頭來得意地說。

「你不要小看它，深得很。」月仙說。

「江無底，海無邊，它再深也深不過長江，我在長江都可以打個來回，還在乎這一口水？」

「你有那麼大的本領？」月仙奇怪地問。

「不瞞妳說，我七歲放牛，每年夏天都浸在江裏，人家都叫我水鬼。」了緣得意地望了馬蘭一眼。

「你吹牛！」馬蘭說。

「你們洋鬼子就瞧不起我們中國人，不信我們當面跳進黃龍潭試試？」了緣把袖子向上一捋，挑戰地說。

馬蘭望望月仙，然後對了緣說：

「我沒帶游泳衣來，不和你鬥。」

「妳才吹牛！我不作興穿游泳衣。」了緣神氣起來。

月仙聽了好笑，溫和地對他說：

「了緣，師父要你好好照顧我們，你怎麼和客人賭起狠來了？」

了緣用手向馬蘭一指：

「誰叫她說我吹牛？我就不服這口氣。在洋鬼子面前怎麼好做孱頭？」

「你不要開口洋鬼子，閉口洋鬼子，我的中國話沒有你講得漂亮是不是？你看你一口的土腔？」馬蘭瞪了了緣一眼。

了緣的臉一紅，兩眼在馬蘭臉上打轉，過了一會兒又鄙夷地說：

「妳的中國話講得再好，也不能冒充中國人。妳看妳的黃頭髮、綠眼睛……」

「我把你這個野和尚推下水去！」馬蘭霍然站起，準備衝過去。

月仙連忙把她拉住，我也橫在他們兩人中間，同時說了了緣兩句，了緣便不再作聲。

過了一會，馬蘭望望了緣的光頭，突然笑了起來。了緣望望她的高鼻子、綠眼珠，也有點好笑。

月仙望望我，笑著問了緣：

「了緣，你知道黃龍潭的來歷嗎？」

了緣望了月仙一眼，慢吞吞地說：

「據我師兄說是龍王老爺上天，一擺尾就掀了這麼大個洞。」

馬蘭聽了嗤的一笑，了緣瞪她一眼。月仙接著說：

「那石頭上不是刻了降龍兩個字嗎？龍又怎麼上了天呢？」

「嘿！誰有那麼大的本領？能把龍王老爺降住？」他反問月仙。

月仙真的被他問住了，向我乞援。我笑著問了緣：

「了緣，誰又看見龍王擺尾？」

「龍王爺是神哪！俗話說神龍見首不見尾，那怎麼能看見？」了緣毫不遲疑地回答。

我真沒有想到他會回答得這麼快？月仙也有點驚奇，馬蘭向我們兩人說：

「你們信他胡扯？」

了緣望了馬蘭一眼，微露不滿地說：

「我知道你們洋鬼子只信耶穌教，不信龍王爺，有朝一日，龍王爺在你們頭上一擺尾，你們可不要叫娘叫爺！」

「我就不信你的鬼話！」馬蘭倔強地說。

月仙怕他們又爭吵起來，起身要了緣帶我們到烏龍潭去。

黃龍潭到烏龍潭無路可走，必須涉澗履石而過，幸好澗水極淺，澗中大鵝卵石甚多，除了了緣脫掉鞋襪，一個人走在前面之外，我們都沒有脫鞋。

了緣把僧袍褲腳高高捲起，遇到有水攔路的地方，他就搬幾塊大石頭墊腳，讓我們過去。

烏龍潭的面積比黃龍潭大，但沒有黃龍潭深險，風景極佳，潭畔石壁上刻了「烏龍潭」三個字，是以前黃龍寺的和尚青松刻的。

「這裏洗澡游泳最好，一到夏天，我就在這裏浸浸，真涼！」了緣說。

「你師父讓你來？」月仙問。

「師父就是不准我下山，這附近隨便我跑。」了緣回答。「今天如果不是礙著你們幾位，我真想脫掉衣服跳進去！我有好久沒有在這裏洗澡了。」

「你不怕弄髒了水？」月仙望著一潭碧綠的清水惋惜地說。

「那有什麼關係？下陣雨就沖跑了！」了緣說。

「像你這種野和尚，真是糟蹋了好山好水！」馬蘭指著了緣說。

「妳還不是陪著公子趕考？」了緣也向馬蘭一指：「像妳這種洋婆子，又懂得個屁的山水？」

「了緣，不要無禮。」我怕他又和馬蘭衝突起來，連忙制止。

「何先生，是她先罵我，」了緣委屈地說：「我要不是看在您們兩位的面上，鬼才帶她到這裏來！」

月仙示意馬蘭不要作聲，馬蘭才忍了一口氣。

我們坐在潭邊的石頭上休息一會，這裏是個峽谷，兩邊是高山和濃密的樹木，非常幽靜，真是個世外桃源。

黃龍寺的鐘聲，遠遠傳來，悠揚悅耳，山鳴谷應。我雖不是出家人，聞聲也想入定。月仙在潭邊靜坐，不發一語。馬蘭玩弄著圓滾晶瑩的石子。了緣正挑揀薄薄的石片，向平靜如鏡的潭面擲飄飄，他擲得很好，一連能跳躍十幾次。

當我們要回來時，了緣玩得正起勁。回來毋須他帶路，我只囑咐他告訴慧真，說我們回去了，不再打擾，讓他藉機會多玩一下。

我們剛走過溪澗，就聽見撲通一聲，不約而同地回頭一望，了緣已脫得一身精光，跳進潭裏，碧綠澄清的潭水襯托出他一身結實的肌肉。馬蘭笑著罵了一句：

「這個野和尚！」

「怎麼他不怕冷？」月仙問我。

「也許他有什麼法力？」我笑著回答。

「他有個鬼的法力！」月仙嗤的一笑。「還不是和我們一樣，凡胎肉體？」

第二十一章 小尼姑進神仙府

古月仙受素心蘭

我和月仙正在看書，老王忽然走了進來，輕輕地對我說：

「何先生，有個小尼姑找你，讓不讓她進來？」

我和月仙同時站了起來，月仙連忙問老王：

「在那裏？」

「門口。」老王用手向大門外一指。

我和月仙趕了出去，小尼姑正站在大門口，雙手托著扁擔。她挑了兩大籃李子，李子上有十多個雞蛋，一株素心蘭。今天她一身短打，灰上褂，小腳管長褲，用黑帶繫著。她看見我們馬上露著雪白的牙齒一笑。

「守貞，我真沒有想到妳今天來？」月仙擁著她說。

「師父要我販點李子上山來賣，我也想來看看你們。」小尼姑一面回答，同時望了我一眼。

「走，進去坐坐，不要站在門口。」月仙拉拉她的衣袖。

於是她把兩籃李子挑了進來。指指雞蛋和蘭花說：

「這是特為送給你們的，放在那裏？」

「守貞，這真不敢當！」月仙笑著回答。「虧妳走這麼遠的路。」

「我走慣了，像跨過門檻一樣。」小尼姑一面說一面把雞蛋撿進衣兜。老王連忙遞個大碗過來，她又把雞蛋一個個放進碗裏，同時對老王說：「當家的，麻煩你再拿個大碗來。」

老王又遞給她一個大碗，她又挑揀起一些紫紅的大李子放進碗裏。

「守貞，妳這是做什麼？」月仙問她。

「這是詹家岩頭一批好李子，剛從樹上摘下來的，送給你們嚐新。」她笑著雙手遞給月仙。

「守貞，這可不行，」月仙搖搖手說：「妳交不了賬的。」

「您放心，這東西沒有一定的行市，我師父又不知道我賣多少錢一斤，少報一點不就行了？」

「守貞，妳為我作弊，我吃下去也不安心。」月仙笑著說。

「嗨！」小尼姑風情萬種地一笑：「人不為己，天誅地滅。您怎麼這樣實眼實心？何況這又算不了什麼大弊？就是師父知道了難道還把我剮了刮了不成？」

月仙笑著把一大碗李子交給老王，老王驚奇地望了小尼姑一眼。

我拿起那株荷葉包著根部的素心蘭，上面還有一枝淡黃色的花，有一股清冽的香氣。我問她在什麼地方挖的？她說是那天回去偶然在三峽澗邊發現的。

「這東西稀奇得很，它總是長在那些人跡不到的崖邊澗邊，要不是它的香氣撲鼻，我也不會注意。」她摸摸素心蘭的葉子說。

老王找了一個小花盆來，小尼姑小心地把荷葉抽掉，把它放進盆裏，又在籬邊弄了一些肥沃潮濕的浮土覆在上面，然後交給月仙說：

「我知道您喜歡這個，這枝花兒還可以香很久。」

月仙把花盆放在桌上，端詳了一下，回過頭來對小尼姑說：

「守貞，這是王者之香，不比普通的花草，真難得妳送來。」

「本來我還想再找一兩棵，一直沒有找到。」小尼姑回答：「這東西不像映山紅滿山開，稀罕得很。」

她的話不錯，我們在山南轉了那麼大個圈圈，沒有發現，去黃龍潭、烏龍潭那麼隱蔽的地方，也未曾看到一棵。

「這就更是無價之寶了。」月仙拉著她的手說。

「您也不要把它捧到半天雲裏去了。」小尼姑指指蘭花：「不過她有點像個大閨女，不常拋頭露面，不像我到處化緣罷了。」

老王倒了一杯茶水，小尼姑連忙伸手接住，說了聲多謝，老王也很高興。

小尼姑端著茶杯，向房裏打量了一眼，輕輕地對月仙說：

「這裏真像神仙府，不知道您們是幾世修來的？」

月仙望了我一眼，把她拉在沙發上坐下。老王把洗乾淨的李子端了過來，往小尼姑面前一放，笑著說：

「山上沒有什麼待客，少師父，我借花獻佛，妳自己也嚐幾個吧？」

「我早嚐過了，您們嚐嚐新吧。」小尼姑望著我們三人說。

月仙挑了幾個大的給老王，又挑了幾個大的給小尼姑，最後挑了幾個給我。

我嚐了一個，味道很好，一點不酸，我把手裏的李子往月仙手裏一塞，從碗裏拿了幾個出來。雖然小點，味道倒也差不多。

小尼姑吃了兩個李子站起來要走，我們留她吃午飯，時間又早，李子還沒有賣，她不肯，老王怕她是不沾葷腥，吃不慣外面的飯菜，還特別對她聲明：

「少師父，妳放心，我不用豬油弄菜。」

「妳先把李子賣掉再來，我們等妳吃午飯。」月仙對她說：「反正妳回去也要從這兒經過，又不彎路。」

「說不定我要挑到牯嶺去？怕您們久等。」小尼姑說。

「去牯嶺打個來回也快，妳放心去好了。」月仙說。

小尼姑點點頭，我們送她出去。她挑起兩籃李子一閃一閃，很有意思，小巧的竹扁擔顏色發紅，彷彿用久了的旱煙桿兒似的。

「兩位是怎麼認識她的？」老王奇怪地問我們。

於是我們將經過的情形告訴老王，老王聽了一笑：

「這真是個俏尼姑，人也精靈得很，年紀輕輕的怎麼會走進空門？」

我們沒有告訴老王那個原因。老王搖搖頭自言自語：

「世間的事真是難料得很！」

「老王，你準備弄點什麼菜給她吃？」月仙笑著問他。

「嘿！她出家人，又不吃葷，還不是幾樣素菜！」老王望著我們，隨後又幽默地說：「照她對兩位的這番盛意，我老王應該殺隻雞待她才是！」

「老王，恐怕她要下一輩子才能吃雞了。」我說。

「說句罪過話，我真想用點豬油炒菜給她吃！出家人真苦死了，一年難得吃四兩油水。」

「老王，那可使不得！」月仙連忙搖手。

「其實，閉著眼睛吃毛蟲，眼不見為淨。」老王笑著說：「我要是真弄了，她還不是照吃？要是她能多吃點油水，她更會長得像一朵花兒似的。」

「老王，自古紅顏多薄命，女人太漂亮了不一定是福，尤其是出家人。我覺得守貞已經太漂亮了，何況又那麼聰明？」

「得，如果您不提起我真不敢講，」老王望著月仙說：「一見面我就覺得有點兒不對路，小尼姑實在太標致了，連我老王這麼一大把年紀的人見了都會一怔，後來一聽她講話，更是有板有眼，有斤有兩，像她這樣的人恐怕六根很難清淨？」

「老王，我也是這麼耽心。」月仙說。

「何先生，您看怎樣？」老王笑著問我。

「老王，我自己六根未淨，不敢隨便談論小尼姑的事情。」我笑著回答。

老王啞然失笑，望了我一眼，便去弄飯。

碗裏的李子沒吃完，月仙又挑了幾個用紙包著，放進抽屜，我笑問月仙：

「妳想藏私？」

「留給馬蘭嚐嚐。」她在我耳邊輕輕地說。

「妳自己還沒有吃呢？」

「碗裏有的是。」她指指大碗，隨手取了一個，嚐了一口。

「妳和守貞總算結了緣。」

「其實她對你也很好。」

「還是沾妳的光。」

「她實在很討人愛，連老王也喜歡她。」

「要是老王對她也像馬蘭一樣，那我們就下不了臺。」

「這就是守貞精的地方；馬蘭的心眼兒沒有她細。」

我們吃著談著，把碗裏的李子吃個精光。

月仙把籽收集起來，想種在院子裏面，問老王可不可以種？老王笑著回答：

「只要您願意種，那還有什麼不可以？反正東家不會作這些事兒，他總是買現成的。」

於是，我向老王要了一把圓鍬，和月仙一道走進院子。

院子很大，除了一棵梅樹，幾株芍藥、杜鵑、菊花之外，沒有別的植物，老王又不讓筍子長進來，所以顯得相當空曠。泥土是潮濕的，我沿著籬邊每隔丈把遠挖個小洞，月仙在每個洞裏放下三粒種籽，小心地把泥土覆在上面。種完以後她伸直腰來高興地說：

「再過三五年，李子就吃不完了。」

「妳這不是搶了守貞的生意？」

「我還會挑出去賣？吃不了正好送給她作個私房。」

「妳想得很好，只怕有心栽花花不發！」

「這就全憑天地良心。」

我們兩人手上都沾了一手泥，月仙望望自己的纖長的手指又望望我的，輕輕說了一聲：

「走，回去洗洗。」

我把圓鍬放回原來的地方，月仙打了一盆水，準備好了肥皂手巾，我一走過來她就笑指臉盆說了一聲「請」，我要她先洗，她不肯。老王看了好笑，打趣地說：

「兩位好像做客？到底誰是主人誰是客人？」

「老王，如果我們搶著洗，那豈不要吵架？」月仙笑著回答。

「招哇！」老王雙手一拍：「您這倒是一個好方子！可治無名腫毒，消痰化氣。」

月仙望著我一笑，才把旗袍輕輕撩起，蹲下來洗手。洗完以後她又把水倒掉，和我一道進房。

蘭花很香，那麼小小的一枝，就使滿室清香，剛從外面進來，更會嗅到這種與眾不同的香味。月仙禁不住走過去俯著身子嗅嗅，又拉拉我，把花湊近我的鼻子，笑著問：

「香味如何？」

「我鼻子不通氣，聞不出來。」我笑著搖搖頭。

「你是開玩笑還是真的傷風？」她迷惘著望著我。

「放心，這次不用喝薑湯了。」

「情願你開點小玩笑，就是不要生病。」她如釋重負地說。

透過窗子向外望去，忽然發現小尼姑挑著兩隻空籃子輕鬆地走了過來。籃子搖搖擺擺，她的腳步像踏在扁舟上一樣，晃晃蕩蕩，雖然一身灰布短裝，仍然搖曳生姿。

「守貞的腳如果像顏太太那雙三寸金蓮，走起路來更是春風擺柳。」月仙輕輕地說。

「那連老王也會著迷。」我說。

月仙笑著碎步跑了出去。因為小尼姑已經走上小木橋了。

月仙站在院子門口等她，她看見月仙立刻加快腳步，雀躍上來。

「妳怎麼回得這麼早？」月仙問她。

「遇上兩個好買主，一人一籃，分了。」小尼姑說。

「到牯嶺沒有？」

「就是在牯嶺街上賣的。」

「鋪子都開門了？」

「大半開了門，蓮花洞那邊也有人上山。」

小尼姑和月仙一走進來，老王就笑著說：

「少師文腳程好快，我的飯還沒有弄出來。」

「要不要我幫幫忙？」小尼姑放下扁擔，乖巧地說。

「那不成了一個人吹笛子兩個人捺眼，那還像話？」老王好勝地說：「妳先到書房喘口氣，歇歇腳，飯一會兒就好。」

月仙先走進來，小尼姑也跟著進來。

「妳一口氣從牯嶺打了一個來回，累不累？」我問小尼姑。

「這麼一腳路，又是陽關大道，我不是金枝玉葉，怎麼會累？」她輕鬆地搖搖頭。

「妳賣了多少錢？」月仙笑著問她。

「不瞞您說，三塊出頭。」她向月仙伸出三個指頭。

「賺了多少？」我問。

「那還不是對本對利？」她得意地回答。

「那妳這個生意做得。」

「還不是替我師父做的？我自己又沒有什麼好處。」

「妳不藏私？」

「嗨！」她向我抖抖衣服：「回去我師父要搜的，我往那裏藏？」

月仙和我相視一笑。小尼姑又望著我說：

「你們頭上只有一層天，我頭上有兩層天，您以為我小尼姑好當？」

我笑而不答，實在不知怎樣說好？幸好老王來叫我們吃飯，月仙隨手把她一拉，帶進了廚房。

這頓菜雖然和平常一樣，但是老王特別多加了些油，「春不老」炒的像錦緞，油水在菜葉上放亮。小尼姑看了笑著問老王：

「當家的，怎麼你們吃油像吃水一樣？」

「妳又不吃葷，我只好多放點素油，不然妳會怪我不懂禮數，怠慢。他們兩位主人臉上也沒有光彩。」老王說。

「吃了你們這頓飯，我臉上都是油。」小尼姑風趣地說：「師父會以為我掉進油缸裏了！」

小尼姑因為和我們太熟，當著老王的面也談笑風生，沒有拘束。我們的碗小，她吃了三碗飯，似乎意猶未足，月仙又要她多吃一碗。

「在你們這裏我簡直變成了飯桶！」她放下碗筷時，自我嘲笑地說。

「種田的一頓要吃三海碗，妳還差得遠。」老王說。

「我又不是男人，怎麼能和那些莊稼漢比？」

「妳挑擔上山，也一樣吃力。」月仙說：「我肩不挑，手不提，自然吃得少些。」

「您真是活神仙。」小尼姑羨慕地摸摸月仙的手。

月仙一笑而起，牽著小尼姑在院子裏走走，指著那些新種的李子給她看，兩人談談笑笑，小尼姑快活得像隻灰色的小鳥。

小尼姑走的時候，我和月仙送了她一程，當作飯後散步。我們分手時小尼姑突然對我們說：

「黃老大託我問候您們。」

「那個黃老大？」月仙奇怪地問。

「真是貴人多忘事，怎麼您就忘記了？」她輕輕地白月仙一眼：「就是那家種了很多茶樹的黃老大呀！」

月仙和我同時哦了一聲，她接著問：

「他答應送妳的茶樹送了沒有？」

「送了！」她笑著點點頭，「他說一不二，現在都栽活了。」

「你們常常見面？」

「他隔三五天就去觀音閣走動走動。」

「妳師父歡迎他？」

「她怎麼能拒絕施主進香還願？」

「妳代我們謝謝他好了。」

「來年春天，我要他送幾棵茶樹給你們栽，」小尼姑對月仙說：「您不是喜歡白茶花嗎？」

「謝謝，那太麻煩了。」月仙客氣地說。

「那有什麼麻煩？我不過是一句話。」

「妳一句話可要跑斷人家兩條腿。」月仙笑著說。

「周瑜打黃蓋，一個願打，一個願挨嘛！」小尼姑風情萬種地一笑。

第二十二章 初聞蛙鼓童心動 纔剪青絲面目新

我和月仙的頭髮都很長了。月仙的頭髮長點倒無傷大雅，我的頭髮長了就有點像個犯人，她催了我好幾次，要我去牯嶺一趟，我一個人不想去，最後她答應陪我去，而且想邀馬蘭一道去。

馬蘭的頭髮是最長的，披在背後真像馬尾巴，只是顏色不同，她捨不捨得剪？倒很難說。我覺得剪掉了是很可惜的。

月仙從抽屜摸出那幾顆李子，放進口袋，準備給馬蘭吃，馬蘭昨天沒有來。

我們來到馬蘭這邊時，他們父女兩人正在院子裏澆花除草，他們院子裏花木扶疏，父女兩人把院子裏整理得乾乾淨淨，綠草如茵的草地上也難找出幾根雜草。

馬蘭一看見我們就把掃帚一拋，跑了過來，挽著我和月仙。馬林斯基挺起他微佝的背脊，笑著歡迎我們。

月仙摸出幾個李子給馬蘭，馬蘭歡欣地雙腳輕輕一跳，連忙送了兩個給她父親。

馬林斯基的心情看來的確比冬天愉快一些，他笑著塞了一個李子在嘴裏，吃得咕咕響，聽那聲音就知道他的牙齒不壞。

他用力握握我的手，又指著院子裏兩把椅子請我們坐。

「不坐，我們要去牯嶺理髮。」我說。

「我是索非亞替我剪的，」馬林斯基摸摸自己的頭：「我很少上牯嶺去。」

「馬蘭，妳去不去？」月仙問她。

馬蘭摸摸自己的長髮，望望我們又望望她父親，馬林斯基笑著說：

「索非亞，妳這樣子才像妳母親。」

「我陪你們上牯嶺去玩，我不理髮。」

「那妳帶點東西來。」馬林斯基對女兒說。

馬蘭說了一聲好，跑進房子。馬林斯基望著女兒的背景微笑，把最後一個李子往嘴裏一塞。

馬蘭提了一個大籃子出來，把月仙一拉：

「我們走。」

「索非亞，」馬林斯基叫住女兒：「要是牯嶺有李子賣，妳也買點回來。」

馬蘭從自己袋裏摸出一個李子，往他手上一塞，他笑著在馬蘭額上吻了一下，向我們揚揚手。

「爸爸有時候像個老祖父，有時候又像個小孩子。」走出院子，馬蘭向我們輕輕地說。

「你們父女兩人倒也很有意思。」月仙說。

「我們就像猶太人，無處生根。」馬蘭說。

「妳一結婚就可以生根了。」

「我不是英國人、美國人，又不是中國人，向那裏生根？」馬蘭輕輕歎口氣。「嫁給我們自己人，還不是東飄西蕩？」

「妳自己願意嫁那一國人？」

「我在中國久了，自然對中國有感情。」

「那我們替妳留意好了。」月仙拂拂她的長頭髮說。

「我不騙我自己，」她向月仙淒迷地說：「不是那麼簡單的事兒。」

月仙望了我一眼，我示意她不要再講下去，她很婉轉地把話岔開了。

山澗裏忽然響起青蛙嘓嘓的叫聲，月仙欣然色喜。輕輕地拉拉我的衣袖：

「你聽！」

馬蘭卻三步兩步跑到澗邊察看，我們也跟了過去。兩隻瘦青蛙正伏在水邊的青草裏，一看見我們，縱身一躍，跳走了。馬蘭顯得有點失望。

「如果我們不過來，牠們就不會駭跑。」月仙說，隨手把我一拉，向後退了兩步。

馬蘭抱歉地一笑，也退了回來。

青蛙不見我們，過了一會兒又嘓嘓叫了兩聲，不過沒有先前嘹喨。

我們走了不遠，青蛙就高亢地叫了起來，一連叫了好幾聲，我們又駐足傾聽。

「這是快樂的男高音，不像青衣那樣迴腸盪氣。」月仙笑著說。

「這是春天的聲音，死的都可以叫活。」我說。

「我真想把牠捉回去。」馬蘭天真地說。

「讓牠在澗邊更好，」月仙說：「牠一快樂，我們日夜都可以聽見牠叫。」

這裏離我們住的地方近，以青蛙那麼響亮的叫聲，我們兩家都可以聽見。這兩隻青蛙大概是先出土，日後一定更多，可以來一個大合唱了。

我們走了很遠，還聽見那兩隻青蛙的叫聲，沿路有水的地方，也陸續發現青蛙。

洋人別墅仍然是空著的，路上也少行人，幾隻青蛙卻使寧靜的廬山熱鬧起來。

牯嶺的商店大都開門營業了，石板路打掃得乾乾淨淨，不像我們冬天上山時那種遍地白雪關門閉戶的景象。不過生意還很清淡，有些已經在準備進貨，作夏天的生意了。

我們走進一家理髮店，兩個理髮匠正坐在椅子上聊天，一個還對著鏡子梳理自己的頭髮，他們的頭髮都留得很長，有點像女人模樣。

他們一看見我們進來，馬上起立歡迎，殷勤接待。他們只有兩個人，我們有三個人，他們看了馬蘭一眼，問我們誰先理？馬蘭搖搖頭說她不理。他們聽見馬蘭講中國話顯得有點驚異。

「妳的頭髮最長，怎麼不剪短些？我保險剪得使妳滿意。」那位梅蘭芳型的理髮匠說：「我替很多英國太太美國太太做過頭髮，再遲我就忙不過來了。」

「現在我不想剪，到夏天再看。」馬蘭說。

於是他招呼我坐下。馬蘭對我們說她上街去買點東西再來，便提著籃子走出理髮店。

我的頭髮真的太長，又沒有好好地梳理，我幾乎不認識自己，理髮匠看了好笑：

「你先生是在山上過冬的吧？」

我點點頭。他又接著說：

「在山上過冬很不方便，廟裏的和尚都是自己剃頭，你先生就沒有辦法了，我們是前幾天才上山的。」

「在山上過冬很不容易，就像掉進冰窖裏。」替月仙理髮的那位理髮匠也搭訕起來。

「剛才那位洋婆子是兩位的什麼人？她怎麼也在山上過冬？」我的這位理髮匠問。

「鄰居。」我簡單地回答。

「洋人在山上過冬真是少見。」他說。

「更稀奇的是她的中國話又講得那麼好！」那位理髮匠接腔。

我和月仙都沒有作聲，我們不願說出馬蘭的身世，免得她被別人輕視，如果人家把她當作英美女人，她會有很多方便，像理髮這類職業的人，對英美人是有點趨炎附勢的。

因為沒有別的客人，這兩位理髮匠理得很仔細，一點也不求急。馬蘭在街上兜了一圈，買了一籃子東西回來，我們還沒有理完。

馬蘭抱怨牯嶺的東西太貴，月仙馬上以目示意，要她不要講，使她悶坐了好半天。

理完髮後我們想去小天池口走走，馬蘭把籃子寄放在理髮店，和我們一道去。

從牯嶺街至小天池口這段路很平坦，視界也最遼闊，山下平疇千里，秧針似錦，九江的房屋在陽光下閃閃發亮，長江像一條玉帶，穿過綠色的田野。這和從含鄱口遙望星子和鄱陽湖又是一番景象。

蓮花洞方面有少數腳伕挑東西上來，都是日用品和雞蛋鴨蛋之類的東西。

「喂！雞蛋賣不賣？」馬蘭攔住一個腳伕說。

「不賣，」那腳伕搖搖頭：「這是送給老主顧的。」

「讓幾個行不行？」馬蘭問。

「蛋是有數的，要買妳上鋪子去買。」那腳伕笑著回答。

「鋪子裏的太貴。」馬蘭說。

「嘿！挑上山來的東西還會便宜？你們在山上住的都是些闊佬，還在乎這幾個小錢？」

馬蘭尷尬地望了我們一眼，那腳伕卻挑著擔子一閃一閃地直趨牯嶺街。

月仙握著馬蘭的手，笑著對她說：

「昨天有人送了我們十幾個雞蛋，回去我分一半給妳，不用買了。」

「不，謝謝妳。」馬蘭客氣地說，然後悠悠一歎：「其實倒不是我嘴饞，我是想買幾個給爸爸吃。」

「難得妳這片孝心，」月仙撫摸著她金黃的頭髮：「我們中國人最重孝道。」

「我就是受了你們的影響，你們有二十四孝，我連一樣也沒有辦到。」馬蘭說。

「馬蘭，心到神知，妳有這番心意就很不錯了。」月仙說。

「那有什麼用呀？」馬蘭望著月仙高聲地說：「有時候我還要和爸爸嘔氣，我的喉嚨大，又不像妳一樣輕言細語。」

她的聲音的確大，平時講話就很響亮，稍一用力，就更超過別人。

「妳能不能小聲點？」月仙望著她輕輕一笑：「我們中國女人講話，不作興雞貓子喊叫的。」

「那我怎麼辦得到？」她兩肩一聳：「那不憋死我了？」

月仙望望她又望望我。馬蘭也望了我一眼，不禁失笑。

我們坐在路邊的石頭上休息了一會兒，太陽曬在身上非常舒服。山谷裏的草木青翠欲滴，在明媚的陽光下閃閃發亮。一對栗色的麞正在谷底的小溪旁邊吃草飲水，悠閒自在，馬蘭撿起一塊石子想投擲下去，月仙拉著她的手，向她搖搖頭，她笑著放下石子，兩手撐著兩腮，望著牠們。直到那隻麞突然受驚地飛奔，爬上對面的山頭，消失不見，我們才又回到牯嶺。

馬蘭到那家理髮店提出菜籃，我們這才仔細地看了幾眼。她買了些馬鈴薯、枕頭麵包、黃豆、醬瓜之類的東西，滿滿的一籃。

她兩手交換地提著，又不時放在肩上扛扛。我替換了她一下，很沉手。月仙也想替她提提，但是一提到手裏又連忙放下，向馬蘭抱歉地說：

「馬蘭，真對不起，我一點也幫不了妳的忙。」

馬蘭把籃子往肩上一掀，回頭對月仙說：

「謝謝妳，妳那是做粗事的？」

「眞慚愧，我比馬蘭差遠了！」月仙望著我說。

「我粗手大腳，怎麼趕得上妳？」馬蘭立刻接嘴。

我沒有作聲，她們兩人互相客氣了兩句，也就沒有再說下去。

馬蘭扛著菜籃走在前面，到家時她又一口氣跑上山坡，她父親站在院子門口，從她肩上把籃子接了過去。

我們回家時老王多看了我們兩眼，我笑著問他：

「老王，我們有什麼不對勁？」

「何先生，我覺得你們年輕了好幾歲。」老王笑著回答。

「那有這回事兒？」

「真的，我不騙你，你理過髮顯得少年多了。」

「老王，三十功名塵與土，我還想充什麼少年？」

「何先生，男人三十一枝花，你還年輕得很。」老王笑著說。

「老王，哄死了人不償命，謝謝你給我這塊糖吃。」我也笑著回答。

「何先生，我老王可不是存心哄你，不信——」老王向我一笑，又把眼睛向月仙一瞄。

月仙挽著我走進房，笑著在我耳邊輕輕地說：

「老王的話沒有錯，今天你像菩薩開了光，又是一番景象。」

「不再像個長毛了？」

她笑著把我往她的梳粧臺邊一拉，倚在我的肩上，指指鏡子，在我耳邊輕輕地說：

「你自己看看？」

我掠了一眼，看見她素淨的臉貼在我的耳邊，微揚的下頦，半月形的嘴，瘦長的鼻子，清可鑑人的眼睛，明淨的天庭，烏黑柔軟的頭髮，構成了清秀淡雅，我不覺欣慰地一笑。

「你平時不大注意自己，現在看看也很滿意，是也不是？」她向我打趣地說。

「他一無是處，沒有什麼可以使我滿意的。」我指指鏡中的我搖搖頭說，同時把鏡子反了過來。

她偎著我喃喃地說：

「浮生若夢，這個『是』字最難說。」

「在山上住了幾個月，妳好像也通了神？」

「我是俗人一個，一竅不通。」她盈盈一笑。

馬蘭突然出現在她門口，她望見我們在窗前併肩而立，向我們打旗語般地左右揮手。月仙說了一聲：「糟！我差點失信。」就碎步跑到廚房去，向老王要了幾個雞蛋，匆匆走出門去。

「要不要我陪妳去？」我趕到門口問她。

她停下來，點頭微笑。

「剛才妳像兔兒下嶺，要是摔一跤，雞蛋就撿不起來了。」我說。

她嫣然一笑，分了三個雞蛋給我拿。

馬蘭看見我們走過去，大步跑了過來，我們在中途會合，當她知道我們是送雞蛋給她，有點喜出望外，但不肯接受。

「這是送給妳父親的，妳怎麼不接受？」月仙說。

「我們年輕，不吃沒有關係，妳父親年紀大了，應該經常吃點雞蛋。」

馬蘭這才接下，說了幾聲謝謝。

我們回來時，老王笑著對我們說：

「小尼姑翻山越嶺，誠心誠意地送給你們兩位，你們又送給洋人，不怕辜負了小尼姑的好意？」

「老王，不一定要吃在自己肚裏，我們心領了也一樣的。」月仙說。

「其實像您這個筋骨人，真該多吃點兒雞蛋。」

「老王，我說了我是吃不胖的，何必糟蹋東西？」

「好哇！那您連飯也可以免了！」

「要是真能免掉飯，我就是個活神仙了。」

「憑您這份心腸，也應該成佛成仙的。」

「老王，為了我們三人天天在一起，我覺得還是做人有意思些。」月仙望望我和老王說。

「得！」老王把頭一點：「要是真能和兩位長久在一起，我老王情願做爬蟲，也不想做神仙了。」